ESSENTIAL ELEMENTS
PARA CUERDAS

MÉTODO COMPRESIVO PARA INSTRUMENTOS DE CUERDAS

MICHAEL ALLEN • ROBERT GILLESPIE • PAMELA TELLEJOHN HAYES
ARREGLOS DE JOHN HIGGINS

Traducido al español por Vilma Peguero y Dr. Angela Holguin-Veras

¡FELICIDADES! Has tomado una de las decisiones más gratificantes de tu vida al unirte a la orquesta. La clave para tener éxito con *Essential Elements for Strings* es tu compromiso con la práctica diaria. Cada vez que aprendes una nueva nota, cuentas un nuevo ritmo o tocas una melodía con un amigo, tú te conviertes en un músico más completo. A medida que continúes desarrollando tus habilidades, te darás cuenta de la gran cantidad de oportunidades que estarán disponibles en el futuro. Los músicos pueden enseñar, interpretar, dirigir, o componer. No importa la profesión que elijas, siempre habrá oportunidades disponibles para ti. Puedes tocar en orquestas comunitarias, cívicas o de iglesia, asistir a conciertos y convertirte en un defensor de las artes. Ya sea que elijas la música como vocación o afición, esperamos que se convierta en una parte importante de tu vida. Estamos encantados de darte la bienvenida a nuestra familia orquestal y te deseamos lo mejor para toda una vida de éxito musical.

HISTORIA DEL VIOLONCHELO

La familia de los instrumentos de cuerda incluye el violín, la viola, el violonchelo, y el contrabajo. Los primeros antecesores de la familia de las cuerdas, fueron el rebab árabe y el rebec, populares entre los siglos XIV y XVI. Durante el siglo XVI existían dos tipos de violas: la viola da gamba, que se tocaba apoyada en las rodillas, y la viola da braccio que se tocaba apoyada en el hombro.

El sonido del violonchelo, llamado " chelo" para abreviar, tiene un tono una octava por debajo de la viola. El violonchelo tiene un todo cálido y es capaz de tocar una amplia gama de matices. A menudo se le conoce como el tenor de la orquesta. Antonio Stradivari, así como las familias Guarneri y Guadagnini, fueron famosos fabricantes de instrumentos de los siglos XVII y XVIII, y sus violonchelos todavía se utilizan hoy en día.

Casi todos los compositores han escrito música para el violonchelo, incluyendo a Johann Sebastian Bach, Ludwig van Beethoven and Peter Ilyich Tchaikovsky. Entre los intérpretes famosos de violonchelo se encuentran Janos Starker, Leonard Rose, Pablo Casals, Yo-Yo Ma, Sheku Kanneh-Mason, Zuill Bailey, Mischa Maisky, Sol Gabetta y Kermit Moore..

Para crear una cuenta, visita:
www.essentialelementsinteractive.com

Codigo de activacion de estudiante
E1CE-ES34-7715-5647

ISBN 979-835015945-5

EL VIOLONCHELO

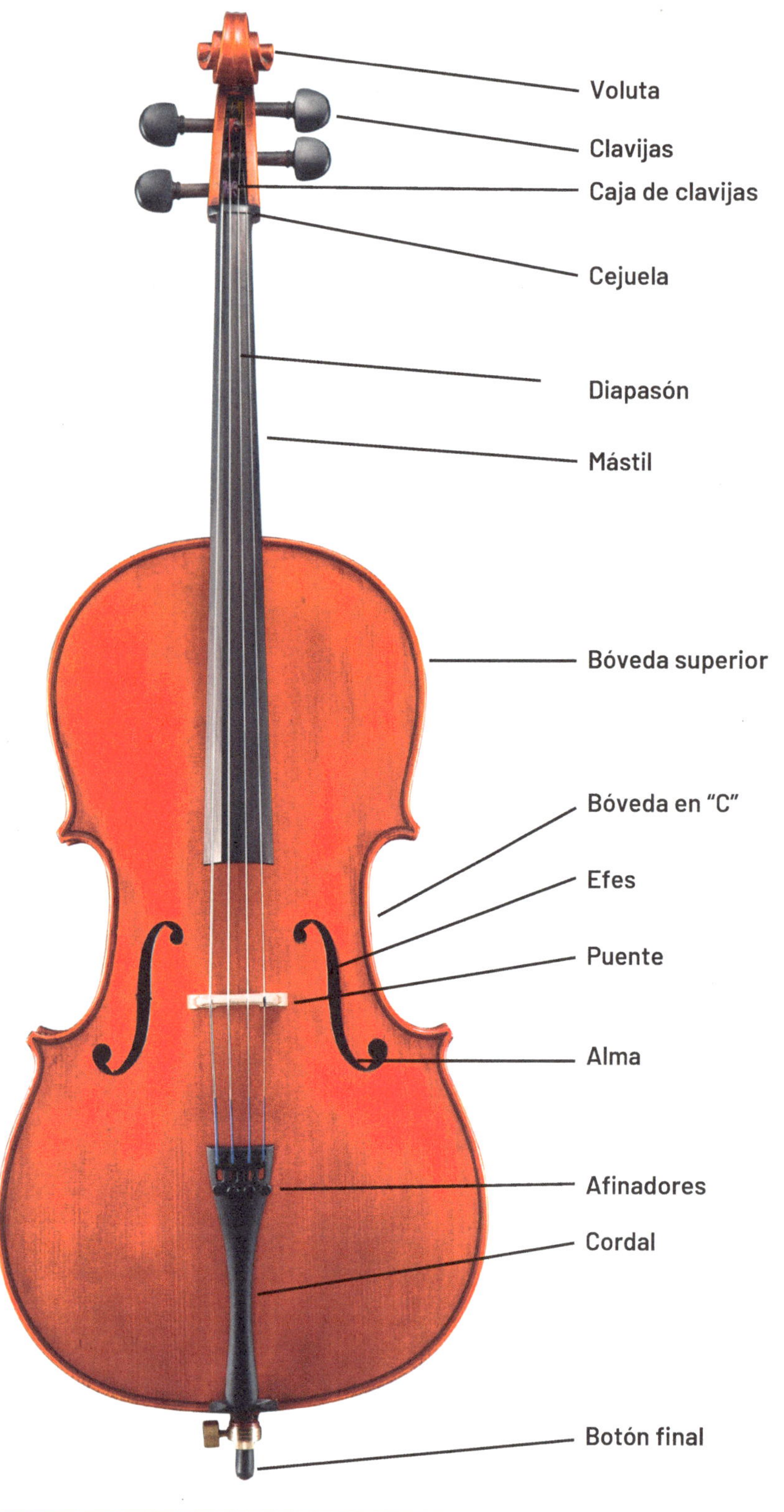

Cuida Bien tu Instrumento

Los instrumentos de cuerda son delicados. Sigue las indicaciones de tu profesor para cuidarlo correctamente, y te durará toda la vida.

- Sigue las instrucciones de tu profesor al sacar el instrumento del estuche.
- Protege tu instrumento del calor, el frío y los cambios bruscos de temperatura.
- Limpia siempre el instrumento con un paño suave y seco. Asegúrate de quitar todas las huellas y la resina.
- Coloca un paño sobre el violín antes de cerrar el estuche.

Accesorios

- Resina
- Hombrera (o soporte para el hombro)
- Paño suave
- Juego extra de cuerdas

Los instrumentos y las fotos son cortesía de Eastman Music Company.

EL ARCO

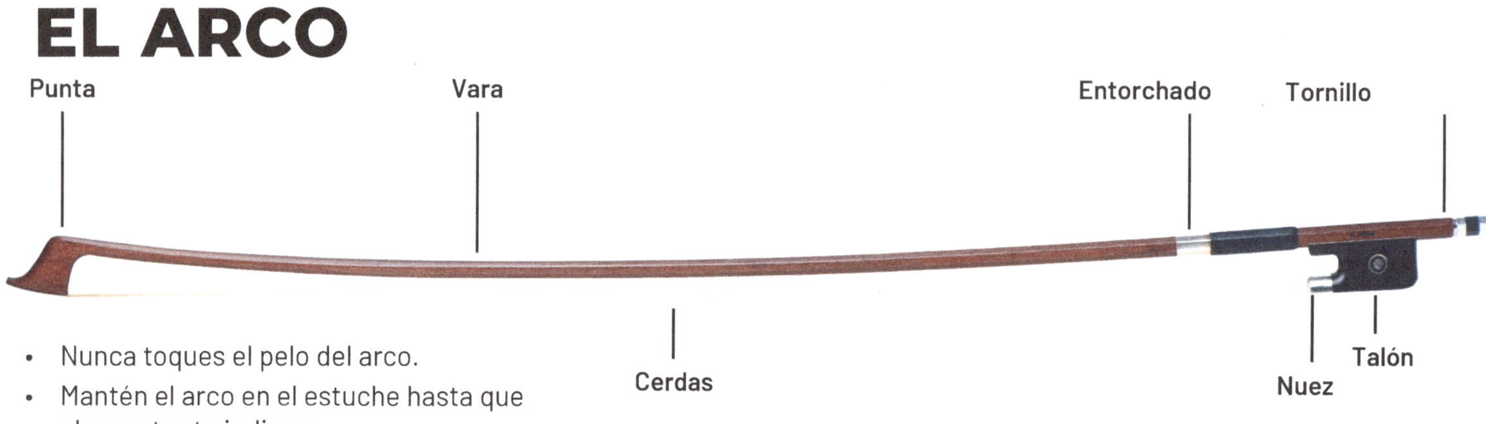

- Nunca toques el pelo del arco.
- Mantén el arco en el estuche hasta que el maestro te indique.

SOSTENIENDO TU INSTRUMENTO

La mejor manera de aprender a tocar tu instrumento es practicar una habilidad a la vez. Repite cada paso hasta que te sientas cómodo demostrándolo a tu profesor y compañeros.

Paso 1 Saca el arco del estuche y ponlo en un lugar seguro. Abre el estuche y saca el violonchelo. Identifica las partes del violonchelo.

Paso 2 Ajusta la altura de la pica para que la voluta del violonchelo esté cerca de tu nariz cuando se está de pie.

Paso 3 Siéntate en la mitad delantera de la silla, con tus pies posicionados debajo de tus rodillas. Coloca la pica, directamente frente a ti, a un brazo de distancia.

Paso 4 Inclina el violonchelo ligeramente hacia la izquierda y deja que el instrumento descanse sobre tu pecho. La clavija de la cuerda "Do" debe estar cerca de tu cabeza detrás de tu oído izquierdo, y ambas rodillas deben tocar el violonchelo justo debajo de la bóveda en "C". Puede que sea necesario reajustar el largo de la pica. Identifica los nombres de cada cuerda: Do (es el sonido más grave), Sol, Re, La.

Levanta el dedo índice derecho sobre las cuerdas y pulsa las cuerdas según la indicación de tu profesor. Pulsar las cuerdas se llama *pizzicato*, y se abrevia *pizz.*

Paso 2

Paso 3

Paso 4

La estudiante que aparece es miembro de la Orquesta Sinfónica Juvenil de Milwaukee

TEORÍA

Pulso = El latido de la música

El **pulso** en la música debe ser muy constante, como tu propio latido.

Negra ♩ = 1 pulso

Notas Las **notas** nos indican qué tan alto o bajo tocar, y cuánto tiempo debe durar el sonido.

Silencio de negra 𝄽 = 1 pulso de silencio

Silencios Los **silencios** nos indican cuántos pulsos deben ser en silencio

Pentagrama El **pentagrama** tiene 5 líneas y 4 espacios.

Barra de Compás **La barra de Compás** divide el pentagrama en **compáses**.

Compáses **El Compás** en esta página tiene cuatro pulsos.

1. Pista de afinación

Espera en silencio mientras tu profesor afina tu instrumento.

2. Toquemos la cuerda Re al aire

Pizzicato (pizz.) ◄ *puntear o pulsar la cuerda*

0 ◄ *Cuerda al aire.*

Re

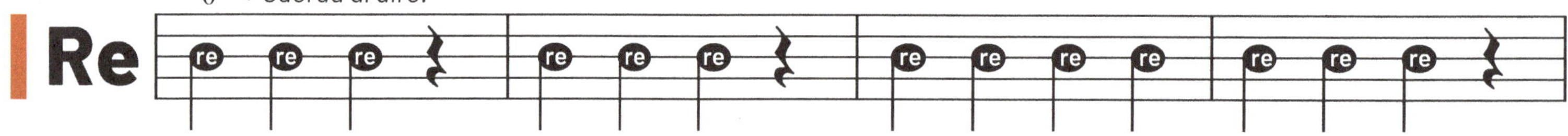

3. Toquemos la cuerda La al aire

pizz.

0

La

Mantén el pulso constante.

4. Dos es un equipo

pizz.

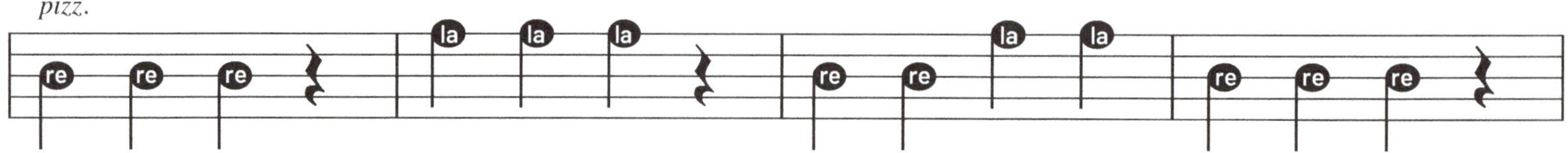

5. En la puerta de Pierrot

La melodía está incluida en el audio en línea.

pizz.

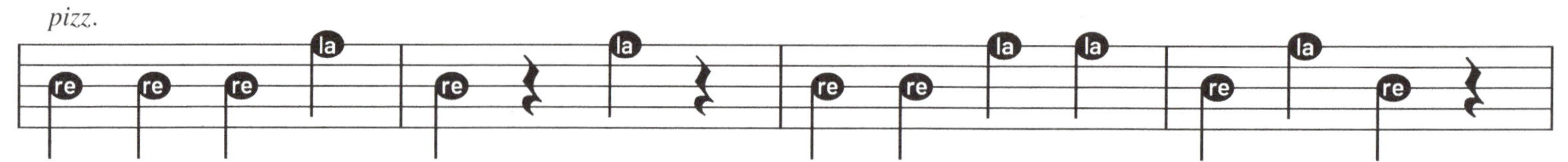

TEORÍA

Clave de Fa

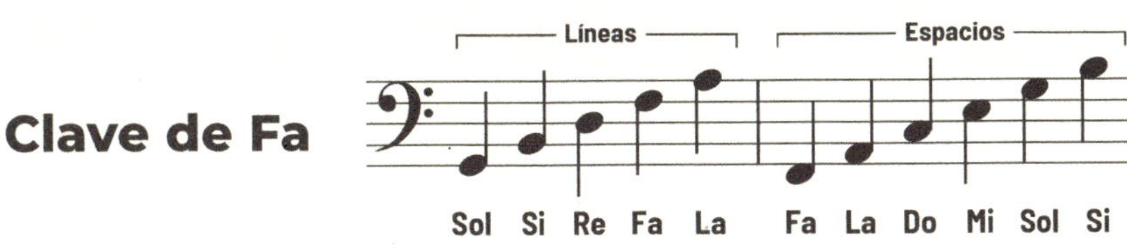

Claves Indican los nombres del conjunto de líneas y espacios.

Compás *(Métrico)*

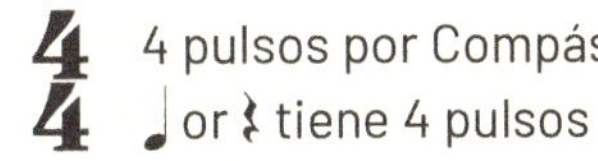

El compás nos indica cuántos tiempos hay en cada compás y qué tipo de nota recibe un tiempo.

Doble Barra

La **doble barra** indica el final de una obra musical.

6. Salto de tijera *Antes de tocar, identifica la clave y el compás.*

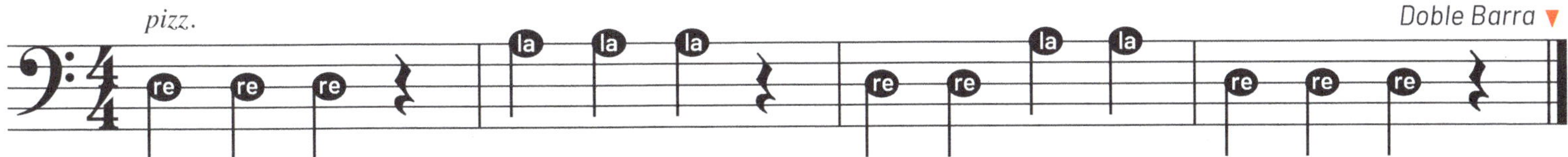

7. Mézclalos

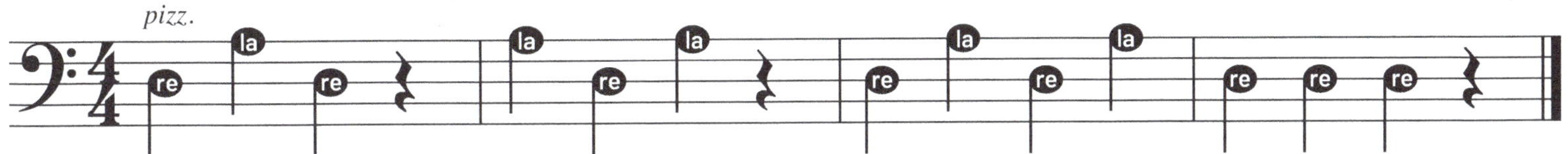

TEORÍA

Barra de repetición

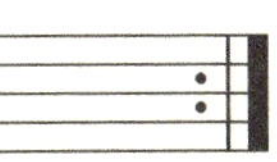

Vuelve al principio y toca la música otra vez.

Contando

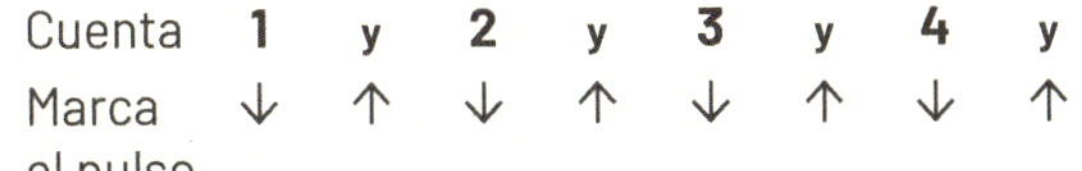

Un tiempo = Baja la punta del pie en el número y súbela en el 'y'. Siempre cuenta, ya sea que estés tocando o en silencio.

8. Contando cuidadosamente *Mantén el pulso estable cuando estés tocando o en los silencios.*

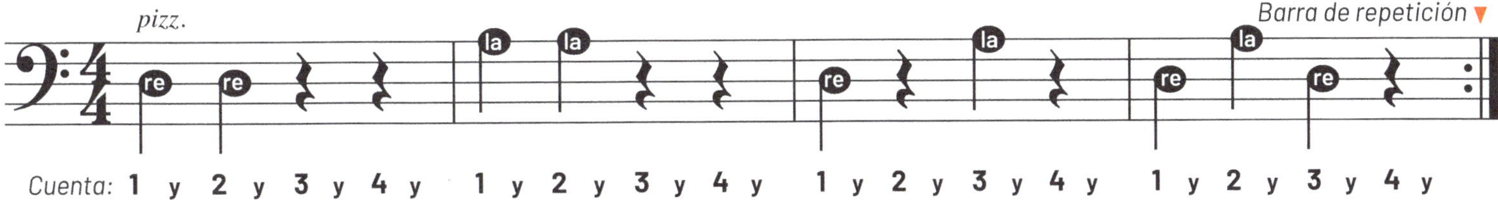

9. Pequeño examen de ESSENTIAL ELEMENTS *Escribe los pulsos antes de tocar.*

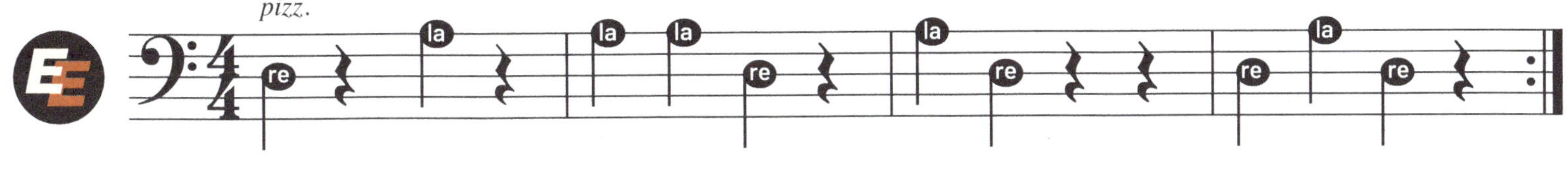

FORMANDO LA MANO IZQUIERA

NOTAS DE LA CUERDA RE

Paso 1 Coloca la mano como muestra e el diagrama, con la palma hacia arriba.

0 = Cuerda al aire
1 = 1° dedo
2 = 2° dedo
3 = 3° dedo
4 = 4° dedo

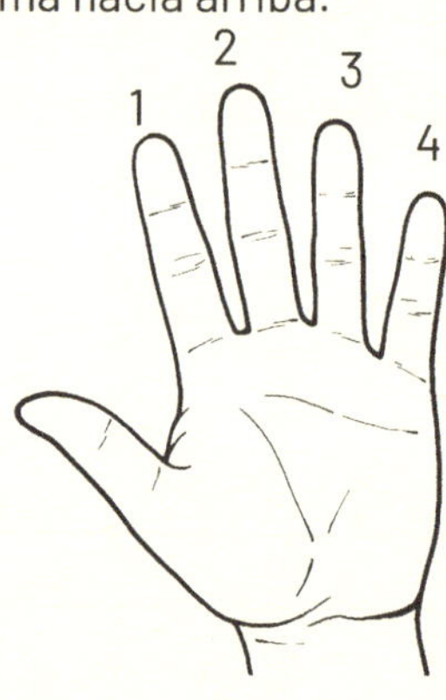

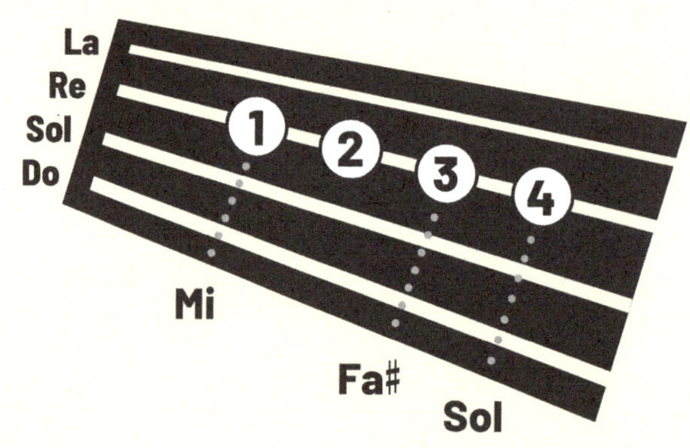

Paso 2 Lleva la mano al diapasón. Coloca tus dedos en la cuerda Re, manteniendo la mano en la forma mostrada en el diagrama. Asegúrate de que el primer dedo forme un cuadrado con el diapasón y que la muñeca esté relajada y recta.

Sol se toca con 3 dedos en la cuerda Re

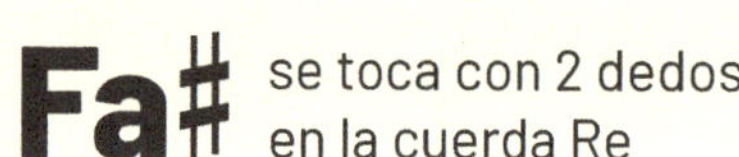

Fa♯ se toca con 2 dedos en la cuerda Re

Mi se toca con 1 dedo en la cuerda Re

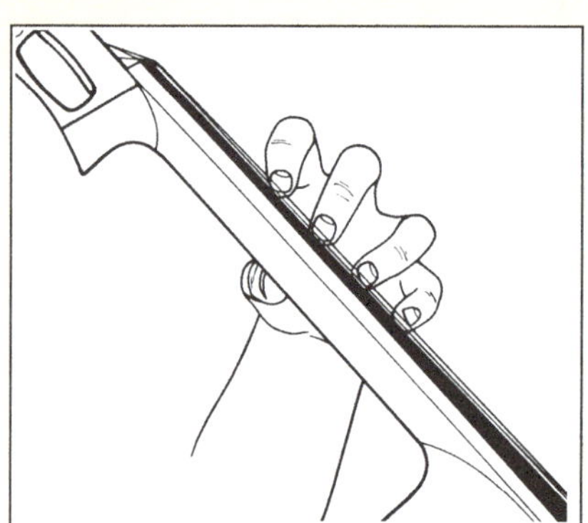

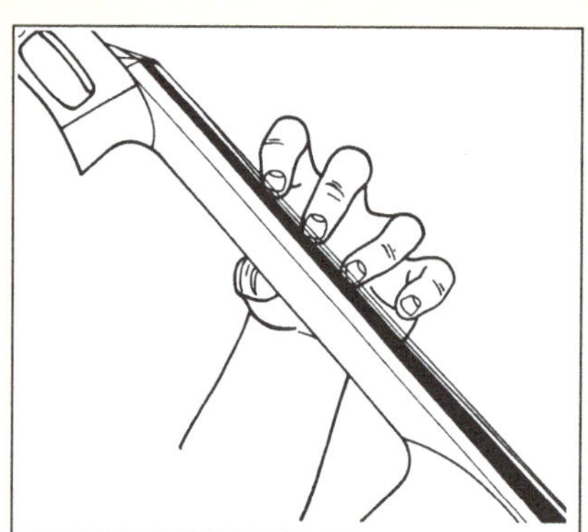

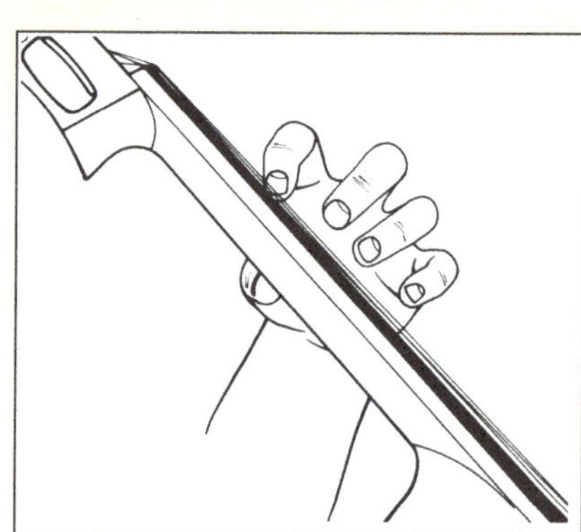

HABILIDADES AUDITIVAS Escucha con atención y repite lo que el profesor toca.

10. Leamos "Sol" *Memoriza el nombre de las notas.*

TEORÍA

El sostenido ♯

El símbolo de sostenido sube el sonido de las notas y se mantiene por el compás completo.
Las notas sin el símbolo de sostenido se llaman "naturales".

11. Leamos "Fa♯" (Fa-sostenido)

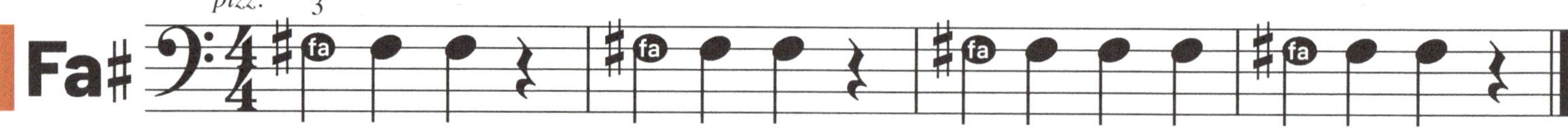

▲ *Toca todos los Fa♯. Los sostenidos se mantienen por todo el compás.*

12. Despegando

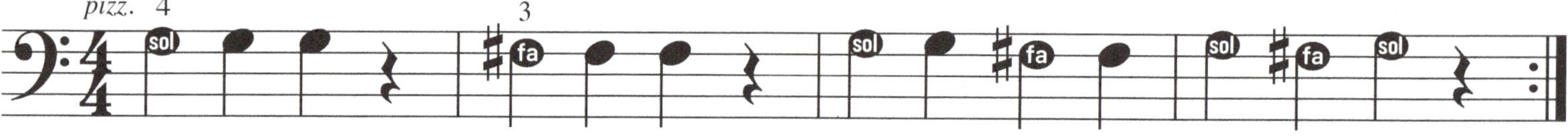

✔ ¿Está tu mano izquierda colocada como se muestra en los diagramas de arriba?

Ver la contraportada para accesar los videos instructivos.

FORMANDO LA MANO DERECHA

EJERCICIO DEL ARCO UNO 

Agarre del lápiz

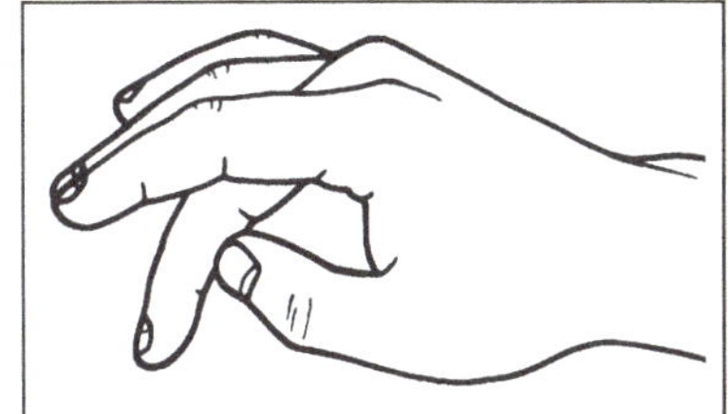

Paso 1 Sujeta el lápiz con la mano izquierda a la altura de la cintura.

Paso 2 Coloca la punta del pulgar derecho entre la primera y la segunda articulación del dedo índice.

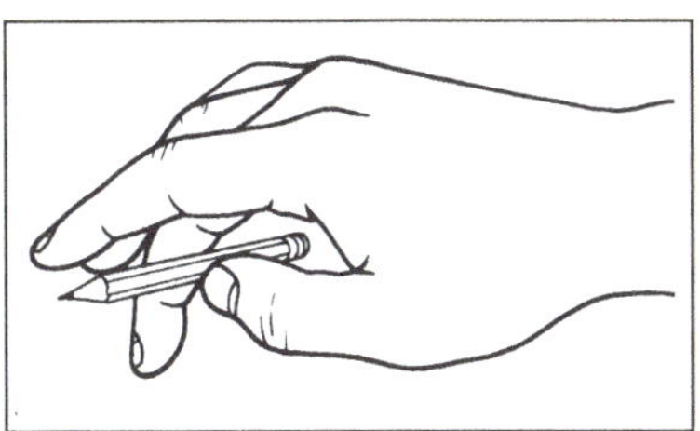

Paso 3 Coloca el lápiz entre tu pulgar y el segundo dedo, mientras mantienes el pulgar ligeramente curvo.

Paso 4 El lápiz debe tocar los tres primeros dedos entre la primera y la segunda articulación, y tocar el cuarto dedo en la primera articulación, como se muestra en la imagen.

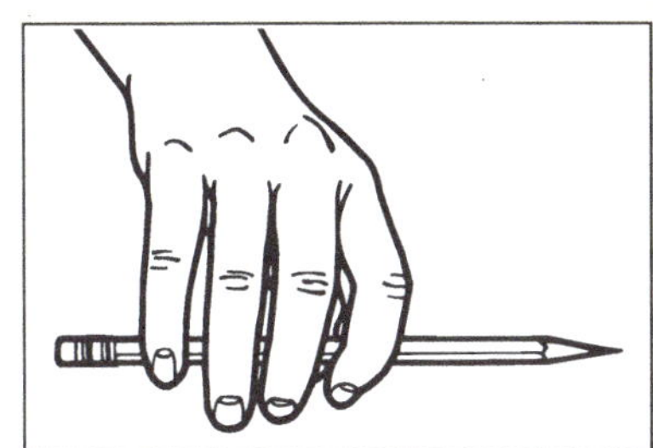

Paso 5 Retira tu mano izquierda del lápiz. Mantén los dedos relajados. Practica moldear tu mano en el lápiz hasta que se sienta natural para ti.

 Practica los ejercicios de arco todos los días.

13. En el sendero *Decir o cantar los nombres de las notas antes de tocarlas.*

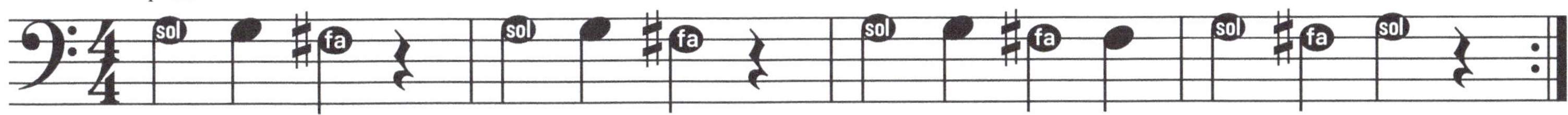

14. Leamos "Mi"

Mi

15. De paseo

16. Pequeño examen de ESSENTIAL ELEMENTS

Antes de tocar, dibuja los símbolos donde corresponda.

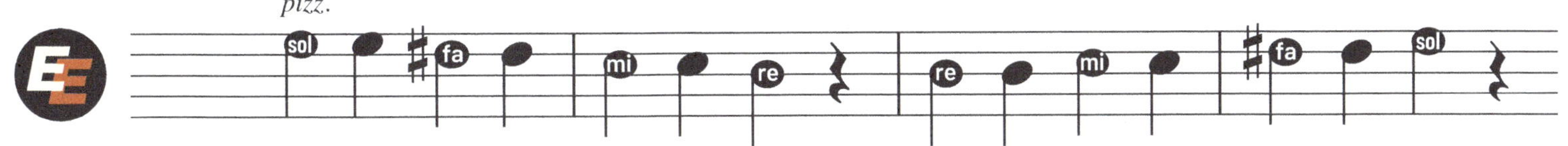

EJERCICIOS DEL ARCO DOS

Agarre del lápiz

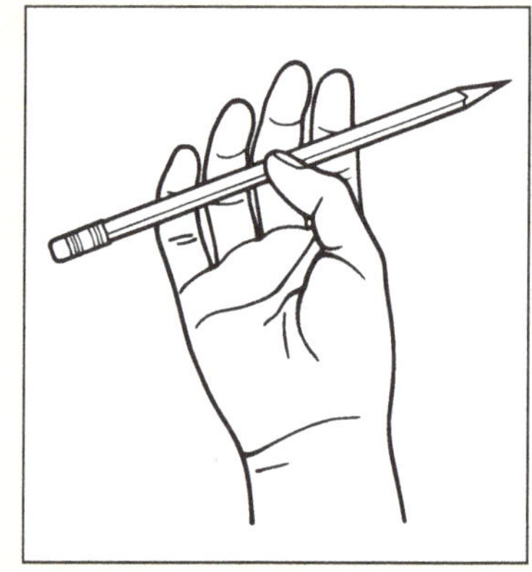

Vueltas de nudillos

Decir Adiós
Despídete con la mano manteniendo la muñeca relajada.

Flexionando el pulgar
Flexiona el pulgar hacia adentro y hacia afuera.

Pulsa con los dedos
Pulsa el lápiz con el primer dedo, luego pulsa con el cuarto dedo.

Vueltas de nudillos
Con la palma hacia arriba revisa que el pulgar este flexionado como se muestra en el diagrama.

EJERCICIOS DEL ARCO TRES 

Movimientos del arco

Energía del codo

- Balancea el codo derecho alejándolo del cuerpo.
- Abre el antebrazo derecho, como se muestra en el diagrama.
- Cierra el antebrazo derecho.
- Balancea el codo, hacia tu cuerpo.

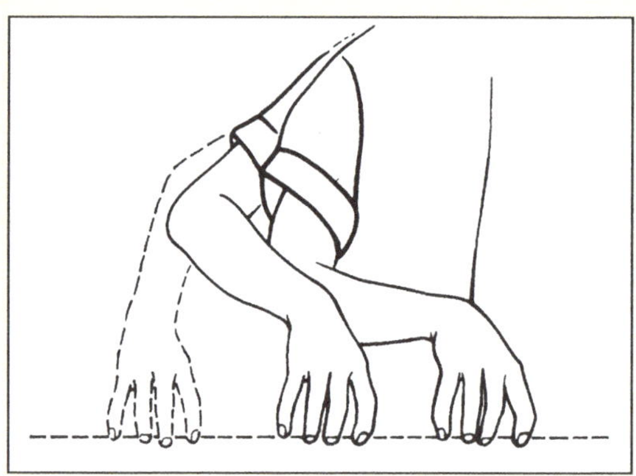

Energía del codo

17. Rayuela

HISTORIA

Las canciones folclóricas han sido una parte importante de las culturas durante siglos y se han transmitido de generación en generación. Las melodías de las canciones folclóricas ayudan a definir el sonido de una cultura o región. Esta canción folclórica proviene de la región eslava de Europa del Este.

18. Baile de la mañana

Canción Eslava

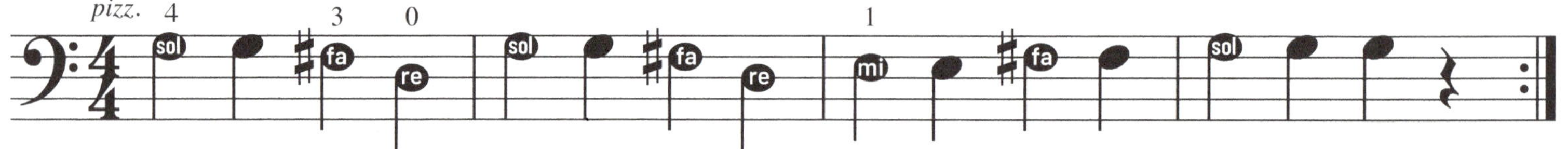

19. Rodando suavemente

(continua en la línea siguiente) ▼

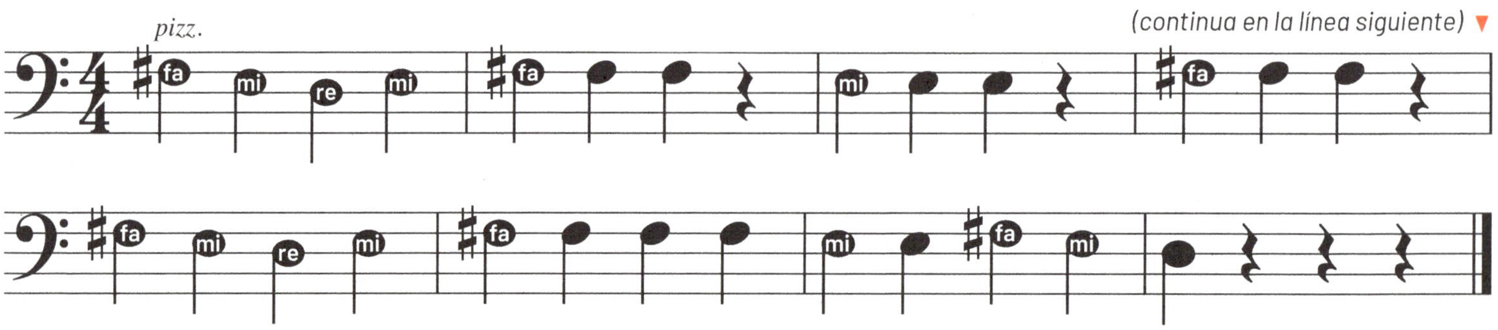

EJERCICIOS

Práctica los siguientes ejercicios con tu mano izquierda.

Rasgueado

Pulsando los dedos

ge una cuerda cualquiera y pulsa suavemente.
Practica combinaciones de dedos diferentes.

Rasgueado

Hala las cuerdas con el cuarto dedo mientras balanceas el codo, como se muestra en el diagrama.

20. El Buen Rey Wenceslao

Canción popular Galesa

▲ *Deja los dedos abajo cuando veas este corchete* [ ]

21. Canto Seminola

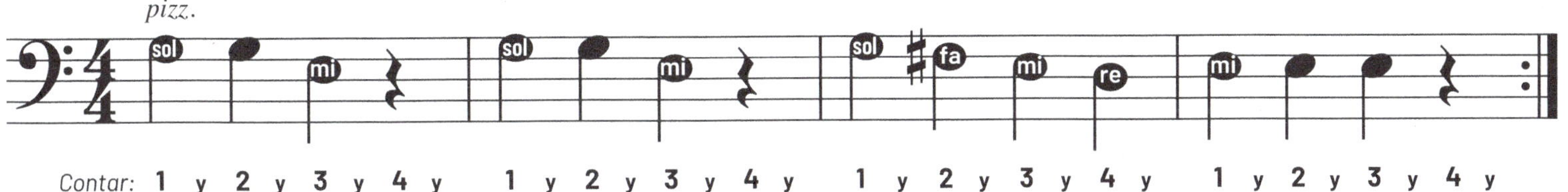

22. Pequeño examen de ESSENTIAL ELEMENTS – Remando suavemente

▲ *Prepara el Fa♯ antes de empezar a tocar.*

NOTAS EN LA CUERDA LA

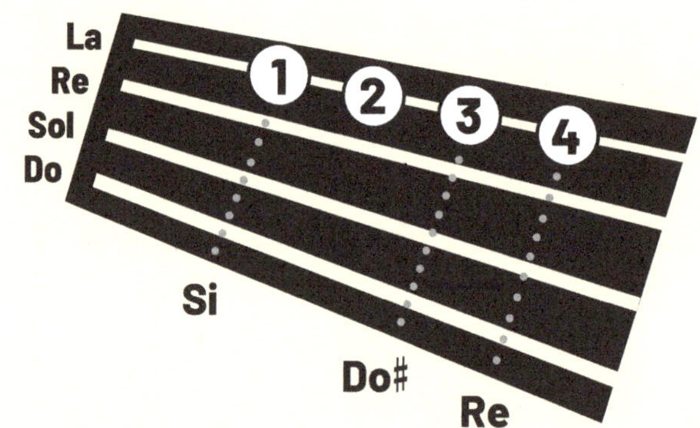

Re se toca con 4 dedos en la cuerda La.

Do♯ se toca con 3 dedos en la cuerda La.

Si se toca con 1 dedo en la cuerda La.

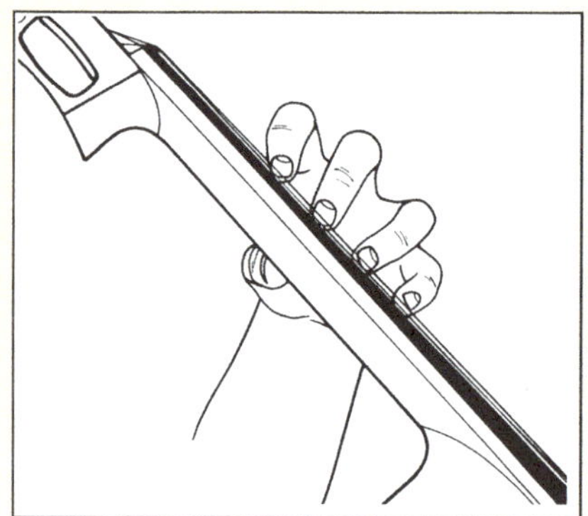

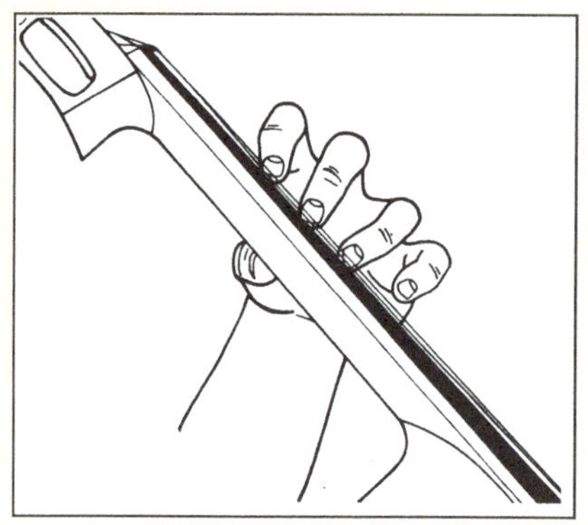

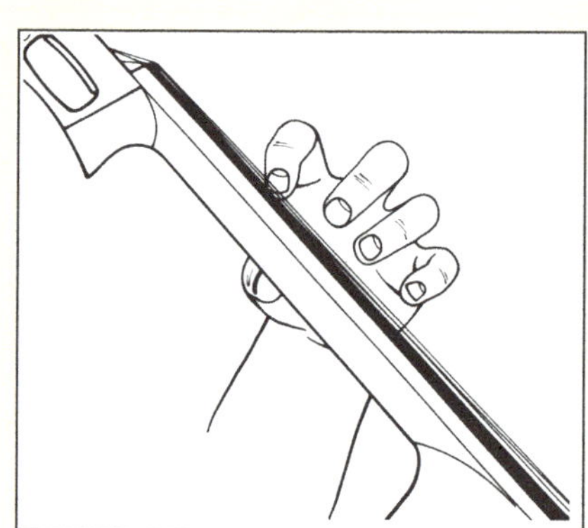

HABILIDADES AUDITIVAS Escucha con atención y repite lo que el profesor toca.

TEORÍA

Líneas adicionales

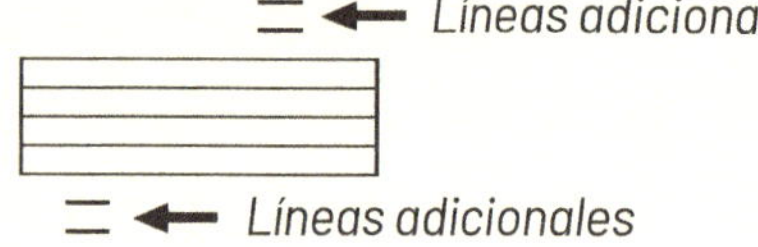

Las líneas adicionales extienden el pentagrama hacia arriba o hacia abajo.

23. Leamos "Re"

Re

24. Leamos "Do♯" (Do sostenido)

Do♯

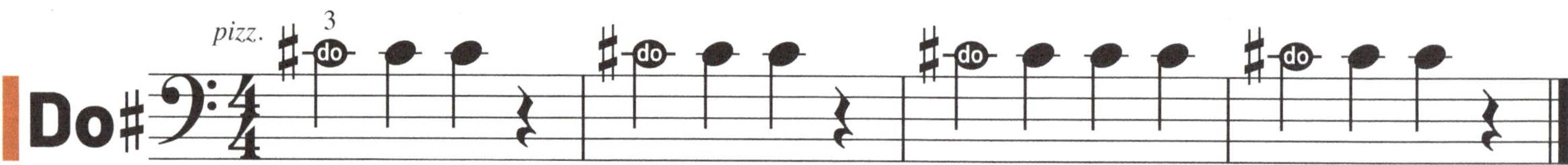

▲ *Toca todos los Do♯. El sostenido se mantiene durante todo el compás.*

25. Despegando

26. Isla Caribeña

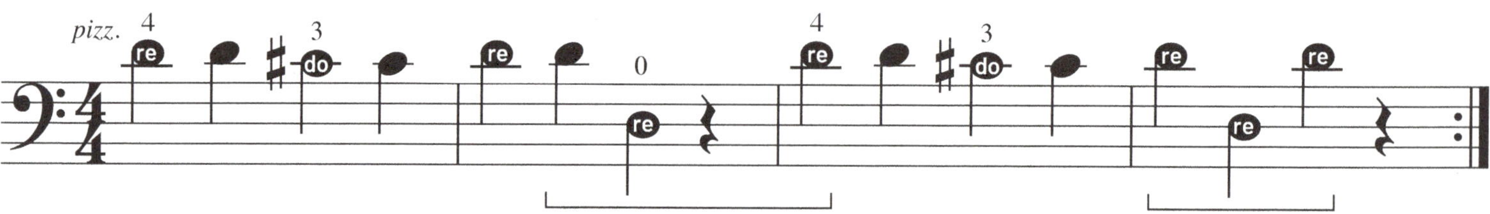

Practica los Ejercicios del Arco UNO, DOS, y TRES todos los días.

27. Salto Olímpico

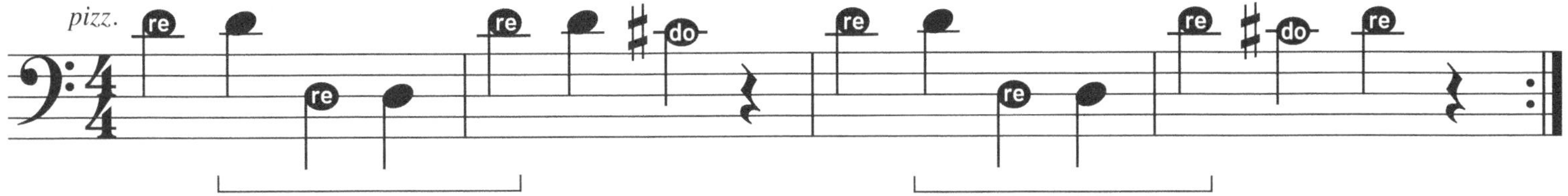

28. Leamos "Si"

29. Descendiendo

30. Ascendiendo

La Escala

Una escala, es una secuencia en orden, de notas que ascienden y descienden. Es como una "escalera musical" donde cada nota es el siguiente escalón. Esta es la escala de Re. La primera y la última nota son la nota Re.

TEORÍA

31. Bajando la escala de Re *Recuerda memorizar los nombres de las notas.*

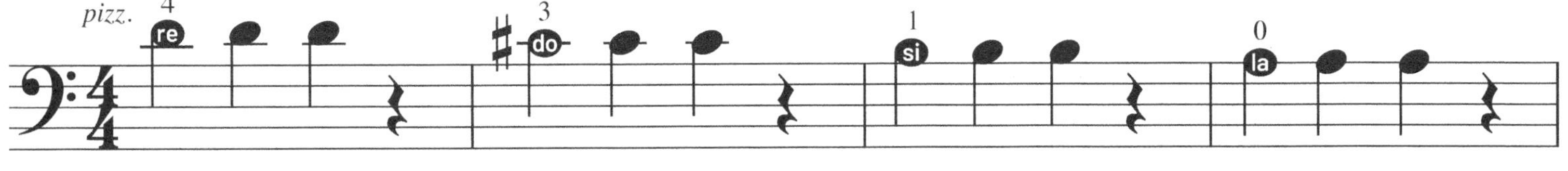

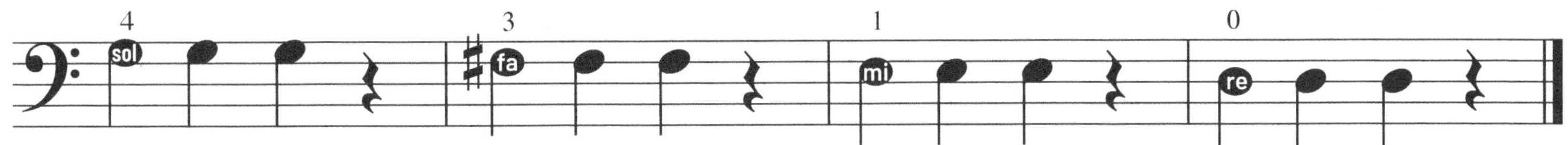

32. Pequeño examen de ESSENTIAL ELEMENTS – Subiendo la escala de Re

EJERCICIO DEL ARCO CUATRO 

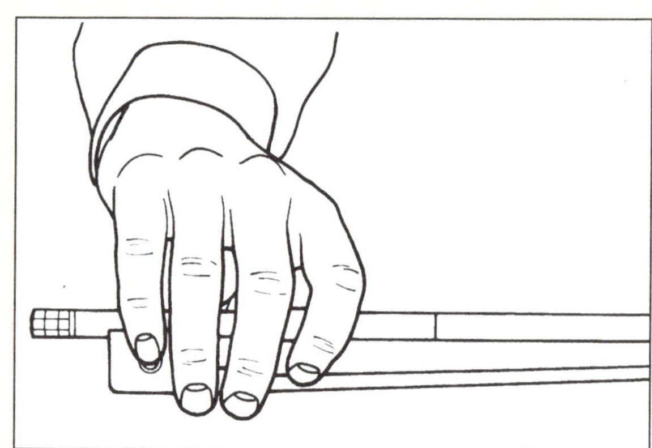

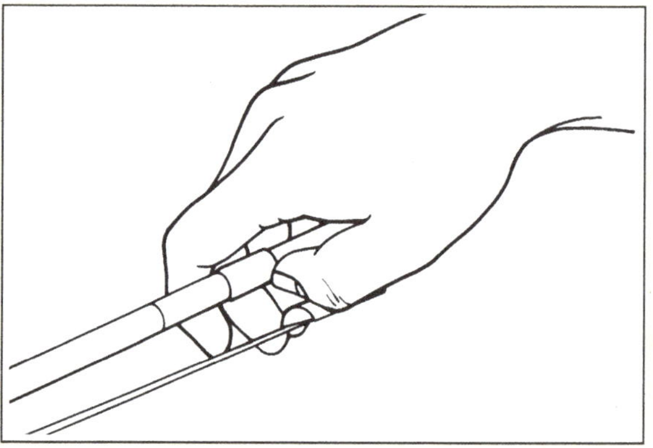

POSTURA DEL ARCO

Paso 1 Identificar todas las partes del arco (ver página 2). Sujeta el arco con la mano izquierda cerca de la punta y con el talón hacia a la derecha.

Paso 2 Pon tu arco entre el pulgar derecho y el segundo dedo. La punta de tu pulgar hará contacto con la vara cerca del talón , y tu segundo dedo se extenderá hasta el ferrule.

Paso 3 Moldea los demás dedos en la vara, como muestra el diagrama.

Paso 4 Gira la mano derecha, y asegúrate de que el pulgar esta curvo.

Paso 5 Sujeta el arco y repite los ejercicios de la página 8.

ALERTA No pongas el arco en el instrumento hasta que tu profesor te lo indique.

33. Canción para Cristina

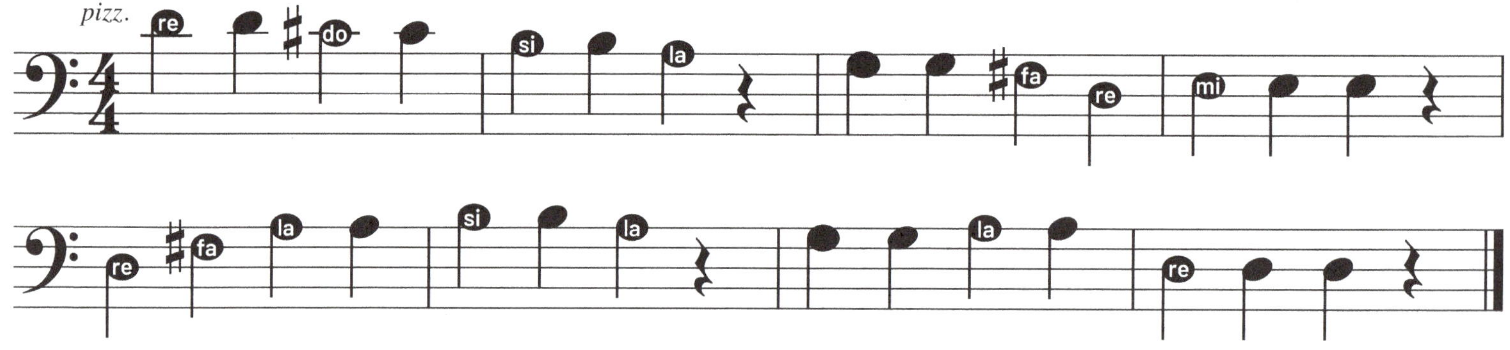

34. La rosa de Natalia *Recuerda contar.*

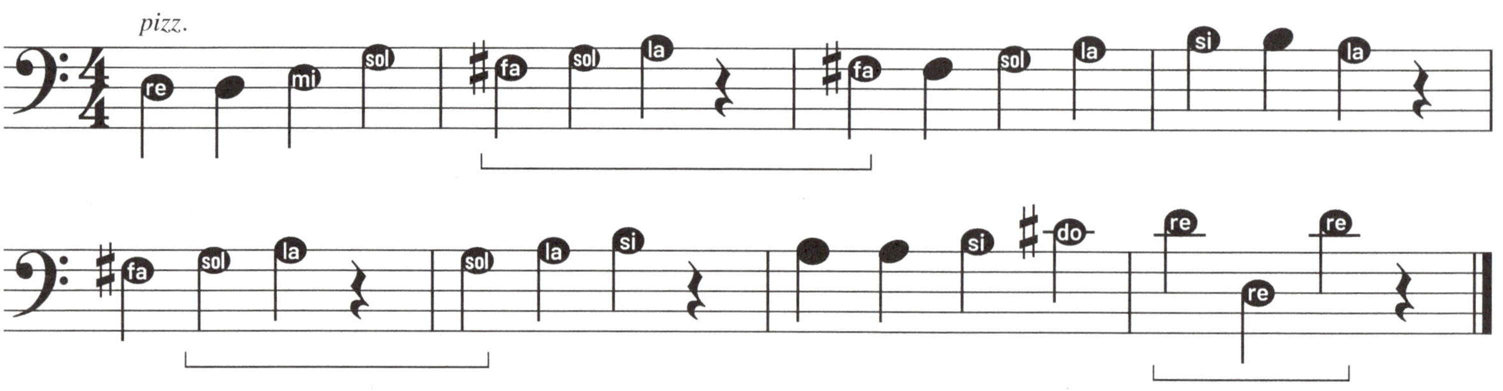

35. Creatividad esencial *Escribe el nombre de las notas en las líneas de abajo.*

Las canciones folclóricas suelen contar historias. Esta **canción israelí** describe un juego que es una tradición familiar centenaria. En este juego se utiliza un dreidel, el cual es un trompo de madera. El juego es especialmente popular en diciembre, cuando se celebra Hanukkah.

36. Dreidel

Canción popular Israelí

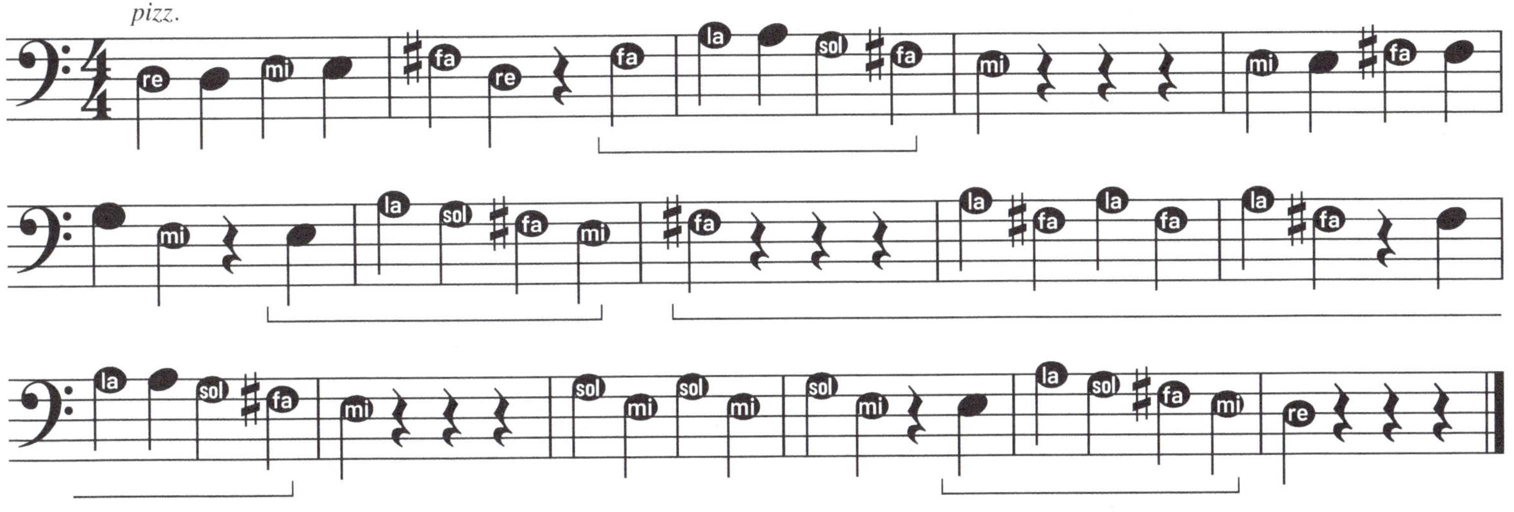

EJERCICIOS DEL ARCO CINCO

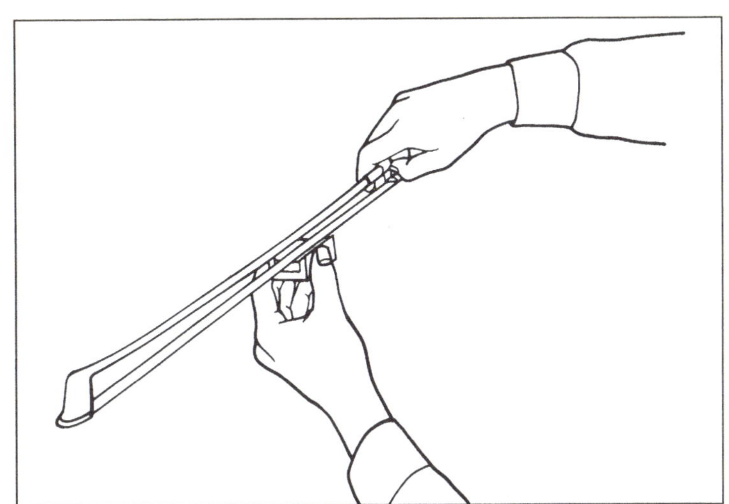

Arco Sombra

Arco sombra es mover el arco sin tocar las cuerdas.

Paso 1 Aprieta las cerdas del arco como indicó el profesor.

Paso 2 Toma la resina con la mano izquierda. Agarra el arco en el punto de balance.

Paso 3 Arco simulado. Pon el arco sobre la resina y muévelo de un lado a otro lentamente. Asegúrate de solamente mover el arco.

Arco abajo ⊓ Mueve el arco alejándolo de tu cuerpo (hacia la derecha)

Arco arriba V Mueve el arco hacia tu cuerpo (hacia la izquierda)

37. El Rap de la resina #1 *Toca estos ejercicios con el arco sobre la resina.*

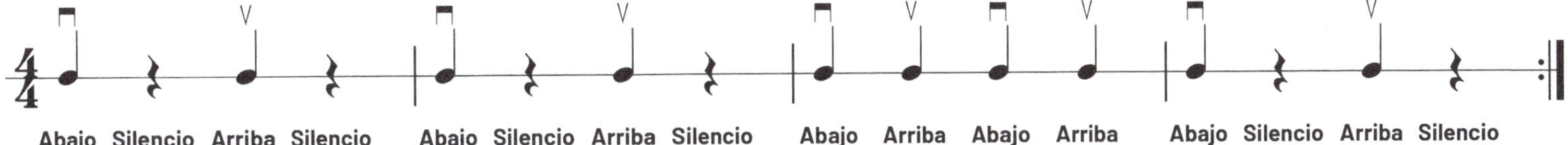

38. El Rap de la resina #2

39. El Rap de la resina #3

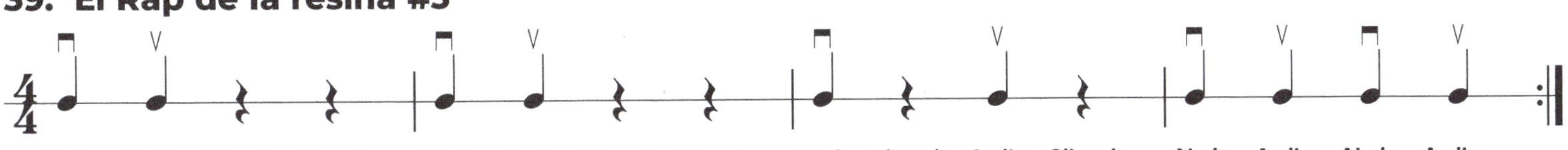

✔ ¿Tu mano derecha, tiene la misma forma que muestra el diagrama de arriba?

TEORÍA

Revisa estas notas. Escribe los nombres en el espacio debajo de cada nota.

40. Brisa de Carolina

41. Cascabel

J. S. Pierpont

42. Old Macdonald Had A Farm

Canción folclórica estadounidense

★ Practica los EJERCICIOS DEL ARCO CINCO todos los días.

HISTORIA

El compositor austriaco **Wolfgang Amadeus Mozart** (1756–1791) fue un niño prodigio que dio su primer concierto a los 6 años. Vivió durante la época de la Revolución Americana (1775–1783). La música de Mozart es melódica e imaginativa. Escribió cientos de composiciones, incluida una pieza para piano basada en esta canción familiar.

43. Una melodía de Mozart

Adaptada por W. A. Mozart

Armadura de clave Re Mayor

La **armadura de clave** nos indica qué notas deben tocarse con sostenidos o bemoles a lo largo de toda la pieza. Cuando veas esta armadura de clave que se llama "Re Mayor", toca todas las notas Fa, como Fa♯ (Fa - sostenido) y todas las notas Do, como Do♯ (Do - sostenido).

TEORÍA

44. La marcha de Mateo

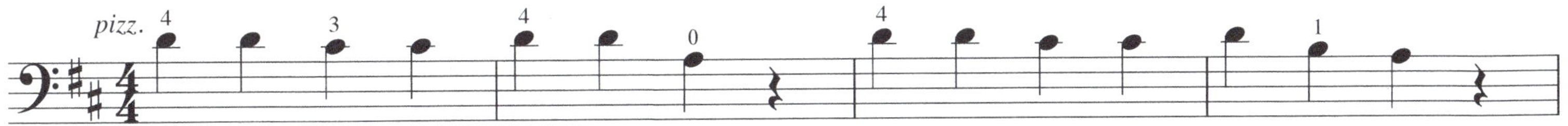

▲ *Cuando veas esta armadura de clave toca los Do♯ y los Fa♯.*

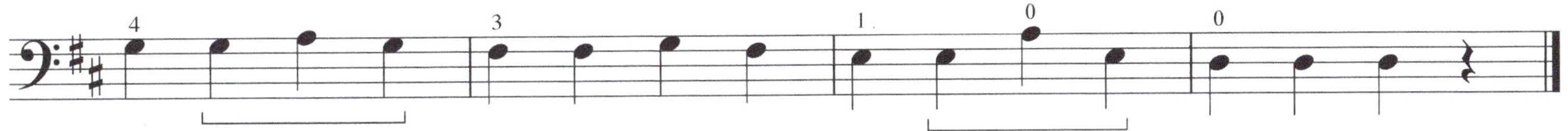

45. La melodía de Christopher

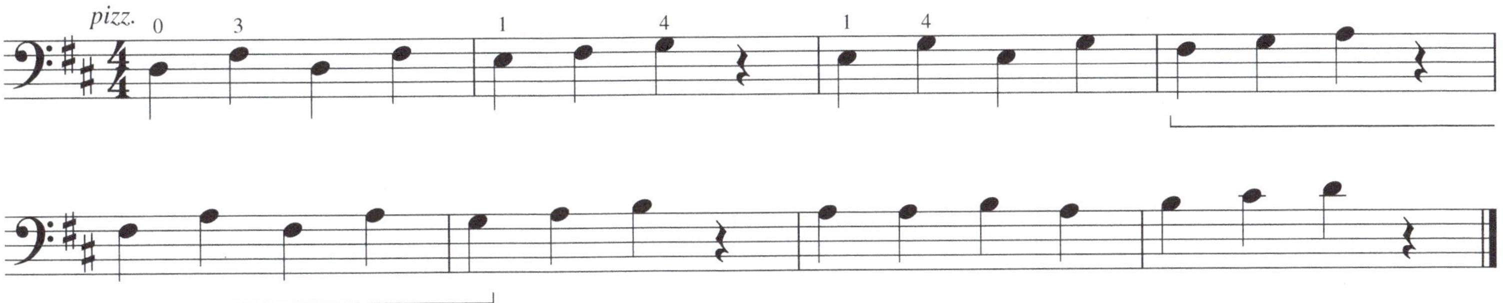

46. Creatividad esencial

Toca las notas que aparecen a continuación. Luego puedes componer tu propia música, para los dos últimos compases utilizando las notas que has aprendido con este ritmo:

EJERCICIO DEL ARCO SEIS

¡Toquemos con el Arco!

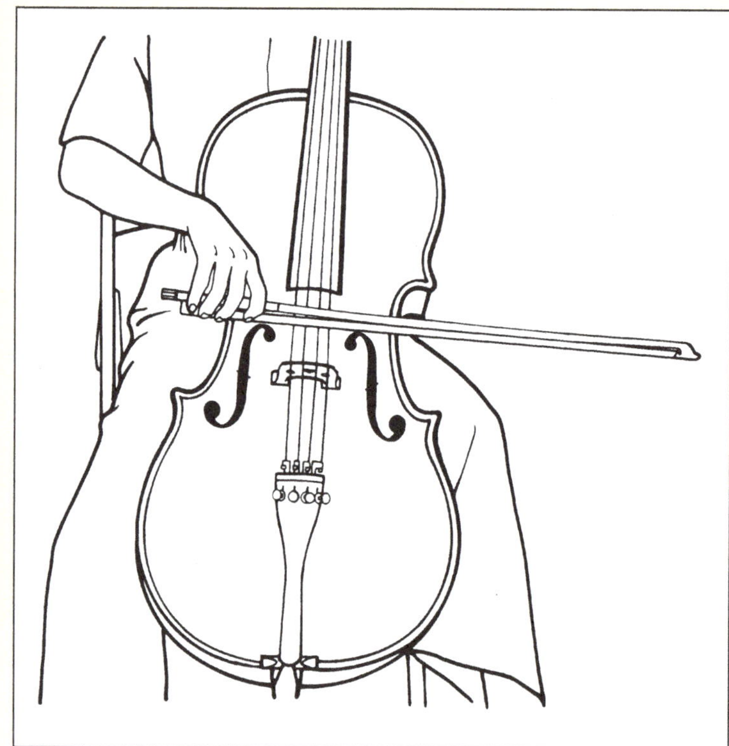

Agarre del Arco

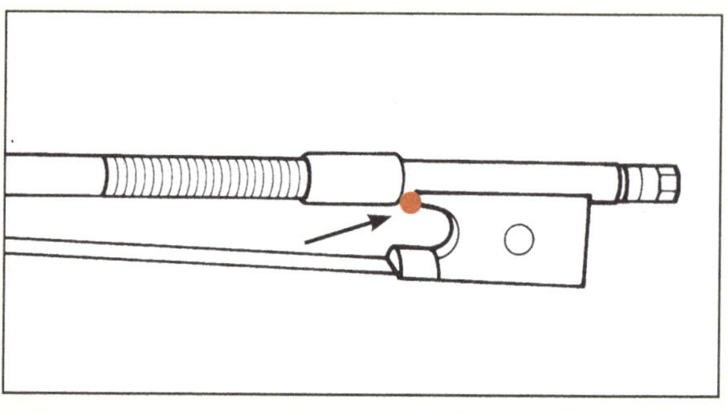

Colocación del Pulgar

HABILIDADES AUDITIVAS

Repite lo que toca tu profesor. Escucha con atención. Tu sonido debe ser suave y uniforme.

47. Toca en la cuerda Re

▼ *Toca con el arco en la cuerda.*

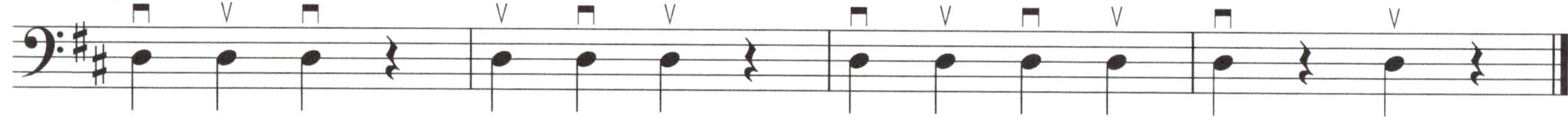

48. Toca en la cuerda La

ENTRENANDO

Altura de las Cuerdas

Tu brazo se mueve al tocar con el arco en diferentes cuerdas. Memoriza estas pautas:

- Mueve el brazo hacia **adelante** y hacia **arriba** para tocar las cuerdas más **agudas**.
- Mueve el brazo hacia **atrás** y hacia **abajo** para tocar las cuerdas más **graves**.

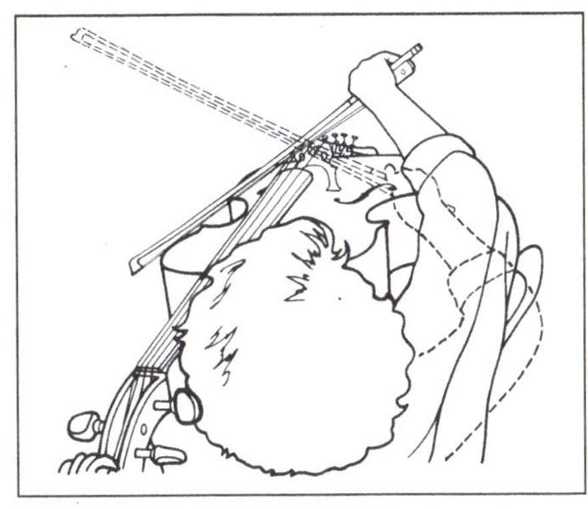

Sube el brazo = cuerda más aguda

Baja el brazo = cuerda más grave

49. Subir y bajar

50. Sube y baja

51. Reflejo

Alzar El Arco

, Levanta el arco y regresa al punto de partida

52. Tocando Re y La

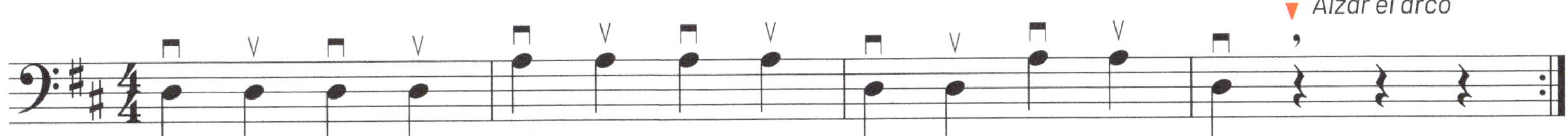

53. Pequeño examen de ESSENTIAL ELEMENTS – Desafio Olímpico

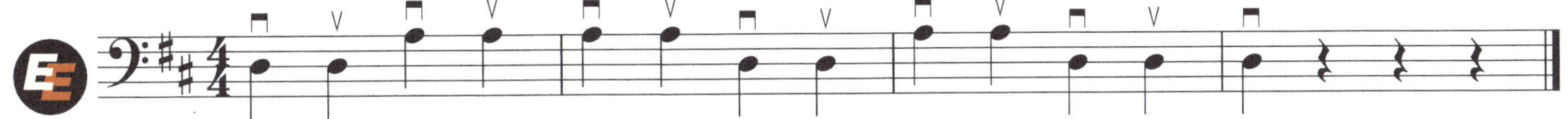

EJERCICIO DEL ARCO SIETE

Combinando las Dos Manos

Usando las notas de la escala de Re Mayor, repite lo que tu profesor toca.

PONIENDOLO TODO JUNTO

¡Felicidades! Ya estas listo para practicar como un músico avanzado combinando las habilidades de la mano izquierda y la derecha mientras lees la partitura. Cuando estés aprendiendo una nueva línea musical, para tener mayor éxito, sigue estos pasos:

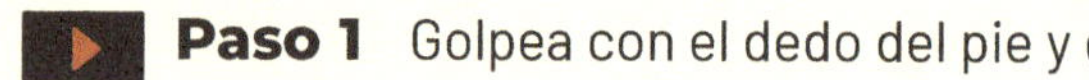

Paso 1 Golpea con el dedo del pie y di o canta los nombres de last letras.

Paso 2 Toca *pizz.* y di o canta los nombres de las letras.

Paso 3 Arco Sombra y di o canta los nombres de las letras.

Paso 4 Toca con el arco lo que esta escrito.

54. Arco en la cuerda Sol

55. Ida y vuelta

56. Arriba y abajo

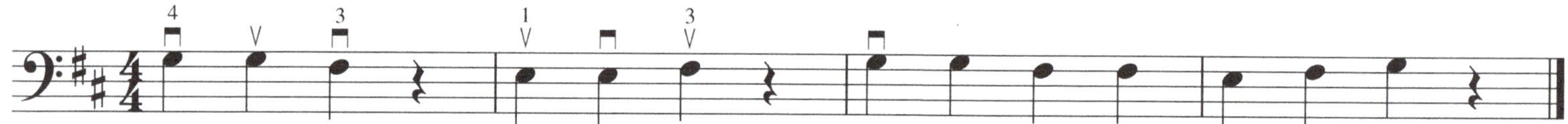

57. Lamento Tribal

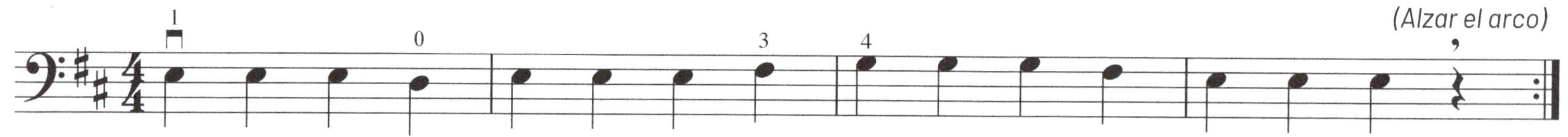

58. Arco en la cuerda Re

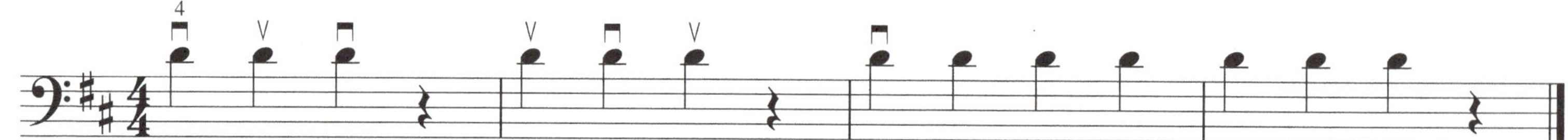

59. Pequenos pasos

60. Bajada en ascensor

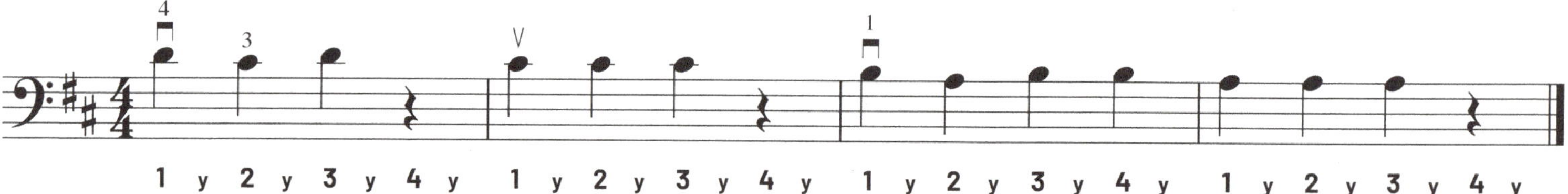

61. Subiendo en ascensor

62. Descendiendo la escala de Re mayor

63. Simulador de escala *Recuerda contar.*

64. Pequeño examen de ESSENTIAL ELEMENTS – La Escala de Re mayor

Ejercicio especial para el violoncelo

Mientras los bajos aprenden una nota nueva, dibuja las líneas divisorias en la música de abajo. Luego escribe los pulsos.

65. Leamos Do♯ – Repaso

Corcheas

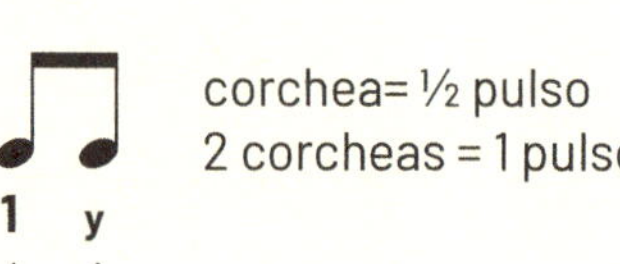

corchea= ½ pulso
2 corcheas = 1 pulso

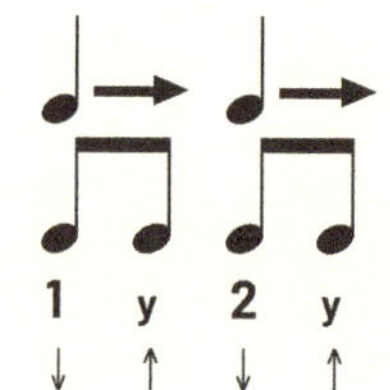

Dos o más corcheas juntas tienen un barra que une las plicas.

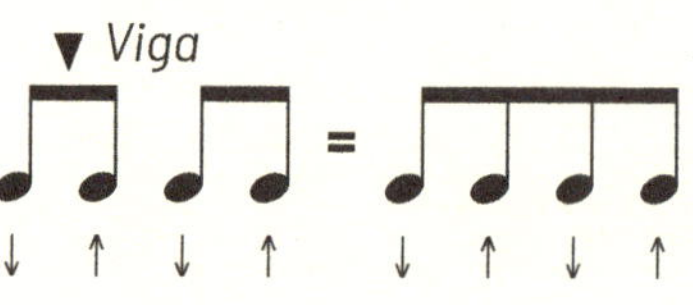

Marca con la punta del pie hacia abajo en el numero uno y hacia arriba en la "y".

66. Rap rítmico

"Arco Sombra" y cuenta antes de tocar

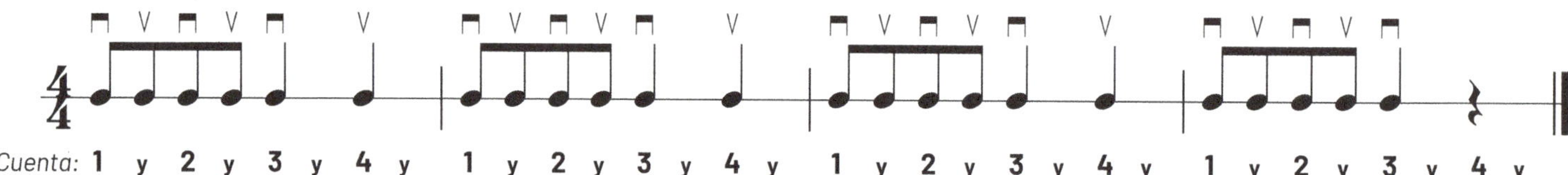

67. Pepperoni Pizza

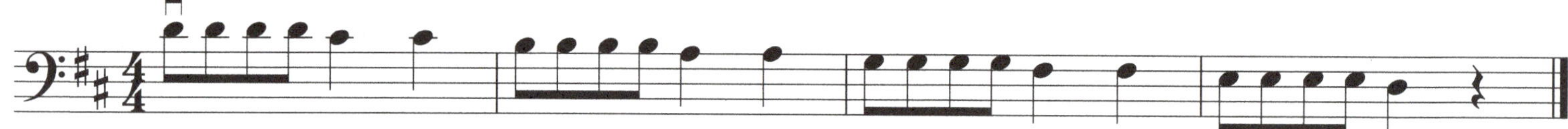

68. Rap rítmico

"Arco Sombra" y cuenta antes de tocar

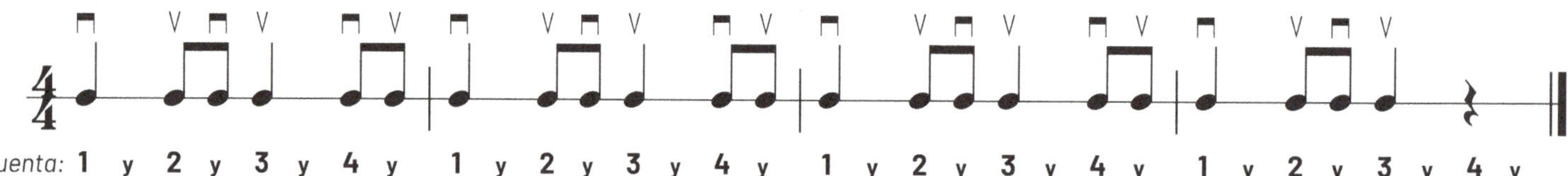

69. Subiendo la escala de Re

INDICACIONES DE TIEMPO

El tempo es la velocidad de la música. Las indicaciones de tempo suelen escribirse sobre el pentagrama, en italiano.

Allegro – tempo rápido **Moderato** – tempo moderato **Andante** – lento, como caminando

70. Hot Cross Buns

Moderato

71. Claro de Luna

Canción folclórica francesa

Andante

72. Rap rítmico

"Arco Sombra" y cuenta antes de tocar

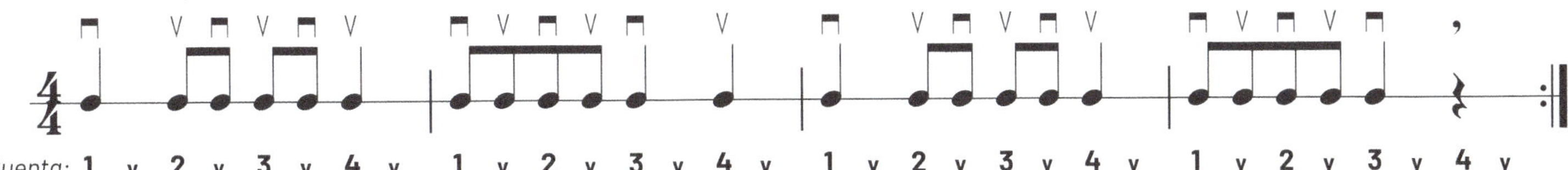

Cuenta: 1 y 2 y 3 y 4 y 1 y 2 y 3 y 4 y 1 y 2 y 3 y 4 y 1 y 2 y 3 y 4 y

73. Saludo Buckeye

$\frac{2}{4}$ Armadura de compás

= **2 pulsos** por compás
= **La negra** toma un pulso

Dirigiendo

Practica dirigir **este** patrón **de 2 pulsos**

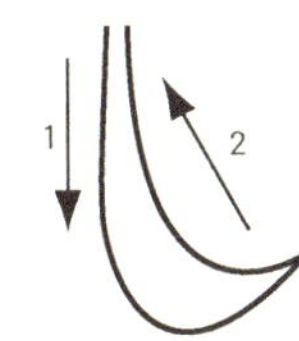

TEORÍA

74. Rap rítmico

Usa arco sombra y cuenta antes de tocar

Cuenta: 1 y 2 y 1 y 2 y 1 y 2 y 1 y 2 y 1 y 2 y 1 y 2 y 1 y 2 y 1 y 2 y

75. Dos por dos

1ª y 2ª repetición

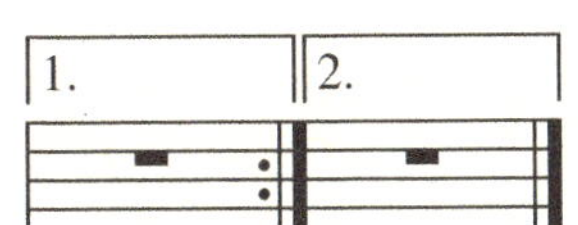

Toca la 1ª repetición. Luego, toca la misma sección de música, salta la 1ª repetición, y toca la 2ª repetición.

TEORÍA

76. Pequeño examen de ESSENTIAL ELEMENTS – ¡Por el amor de Dios!

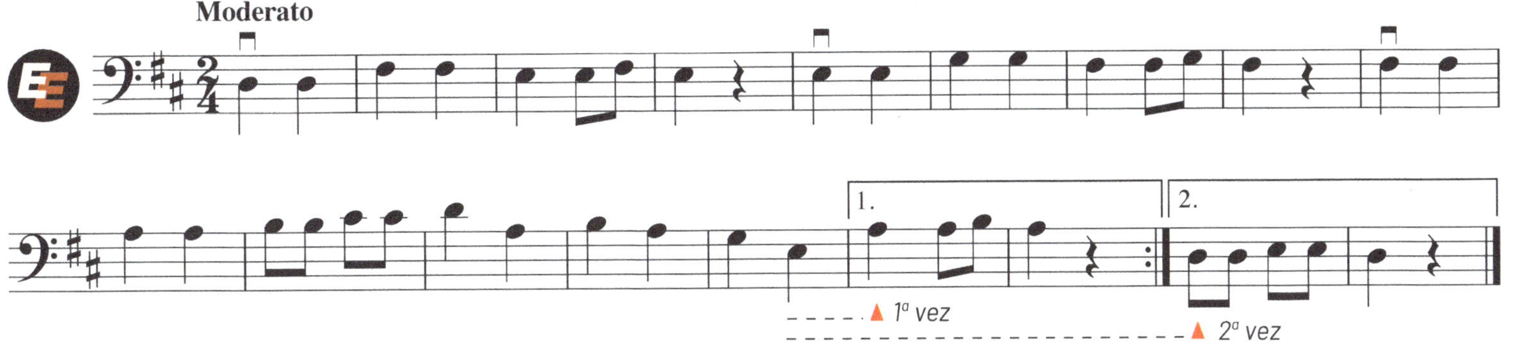

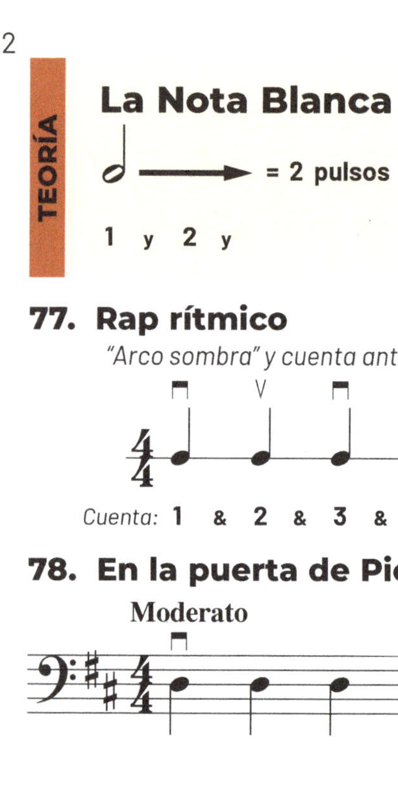

La Nota Blanca

= 2 pulsos

1 y 2 y

El Silencio de Blanca

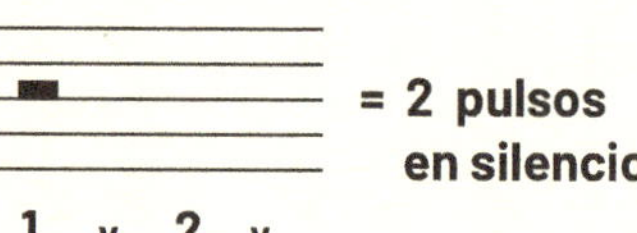

= 2 pulsos en silencio

1 y 2 y

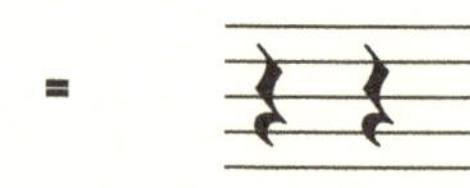

=

77. Rap rítmico

"Arco sombra" y cuenta antes de tocar

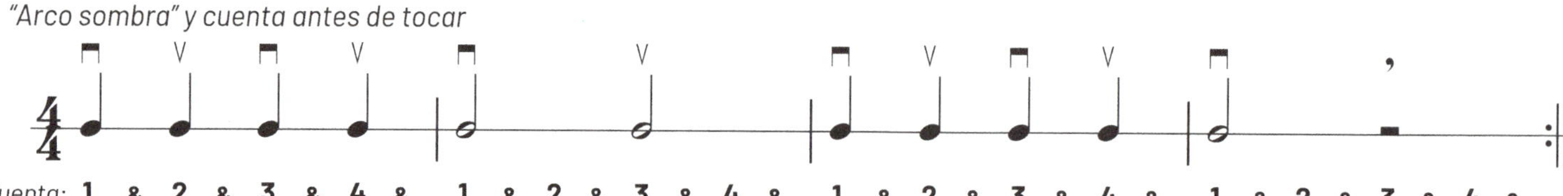

78. En la puerta de Pierrot

Canción folclórica francesa

Moderato

79. Contando las notas blancas

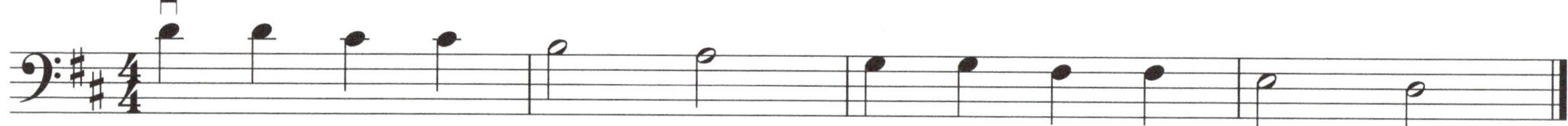

80. Día de los abuelos

Canción folclórica estadounidense

Andante

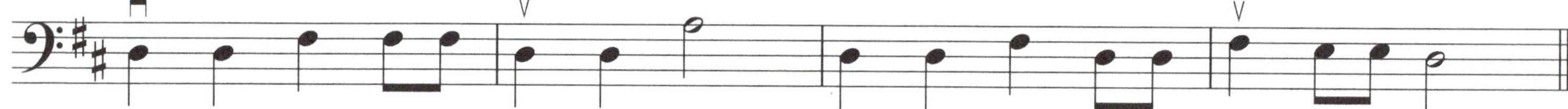

Signos de Repetición

Repite la sección de música que está dentro de los signos de repetición. (Si se usan la 1ª y la 2ª terminaciones, se tocan como de costumbre – pero se regresa solo al primer signo de repetición, no al principio.)

81. Michael Row the Boat Ashore

Canción folclórica estadounidense

Moderato

82. Dos-Cuerdas de Texas

Sosteniendo el violín en la posición del hombro, toca el 4º dedo de la mano izquierda con pizzicato. 4+ = 4º dedo pizz.

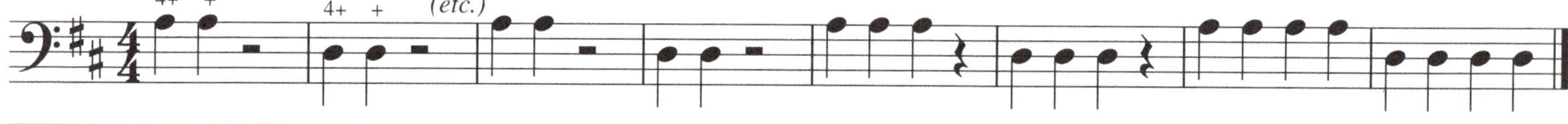

¿Estas buscando más música divertida para tocar? Ve a la contraportada y busca las instrucciones de cómo acceder a las canciones populares más recientes. Canciones adiciónales.

83. Cuatro por cuatro

84. Maratón del 4° dedo

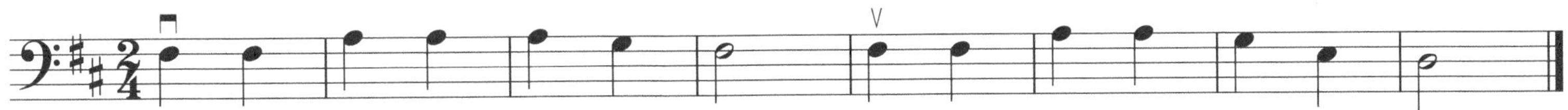

85. Volando alto

HISTORIA

El compositor alemán **Ludwig van Beethoven** (1770-1827) fue uno de los compositores más grandes del mundo. A pesar de que él ya estaba completamente sordo en el año 1802, él podía "escuchar" la música en su mente. "Oda a la Alegría" es el nombre del tema de su última *Sinfonía, la # 9*. Esta obra fue compuesta basada en el texto de un poema escrito por Friedrich von Schiller. "La Oda a la Alegría" fue presentada siendo destacada en los conciertos que celebraron la unificación de Alemania en 1990.

86. Pequeño examen de ESSENTIAL ELEMENTS – Oda a la alegría

Ludwig van Beethoven

MOMENTO ESTELAR

Los buenos intérpretes solistas llegan a tiempo con sus instrumentos y música listos, apropiadamente vestidos, y saben tocar su música bien.

87. Calentamiento con escalas

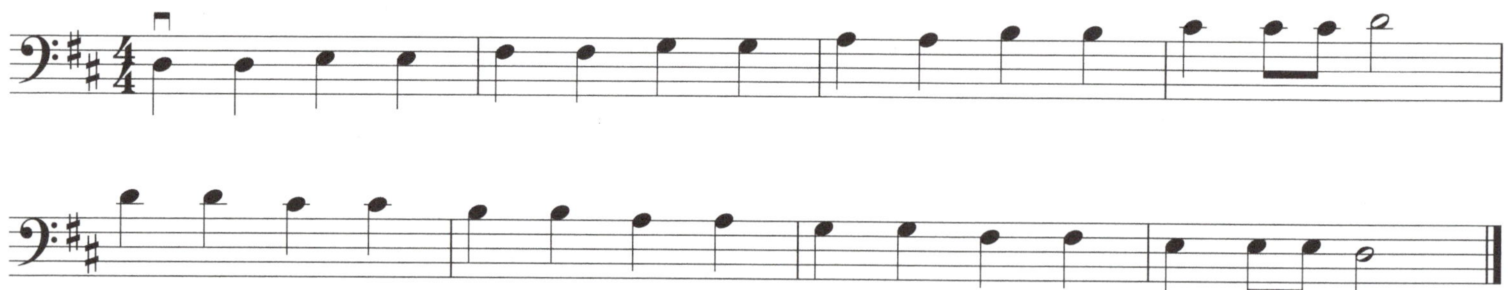

88. Frère Jacques – Ronda *(cuando el grupo A llega al ②, el grupo B empieza en el ①)*

Canción folclórica francesa

Moderato

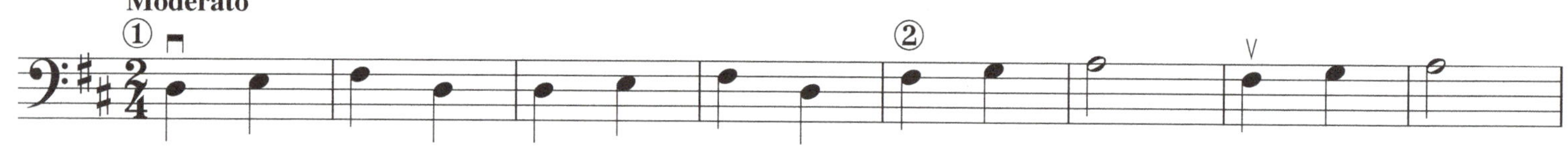

TEORÍA

Acorde, Harmonía

Dos o más notas que suenan al mismo tiempo forman un **acorde** o una **harmonía**. En este libro, **A**= Melodía y **B**= Harmonía.

89. Boil 'em Cabbage Down – Arreglo para Orquesta

Melodía de violín estadounidense

Allegro

MOMENTO ESTELAR

90. Ronda inglesa

91. Remando Suavemente – Arreglo para orquesta

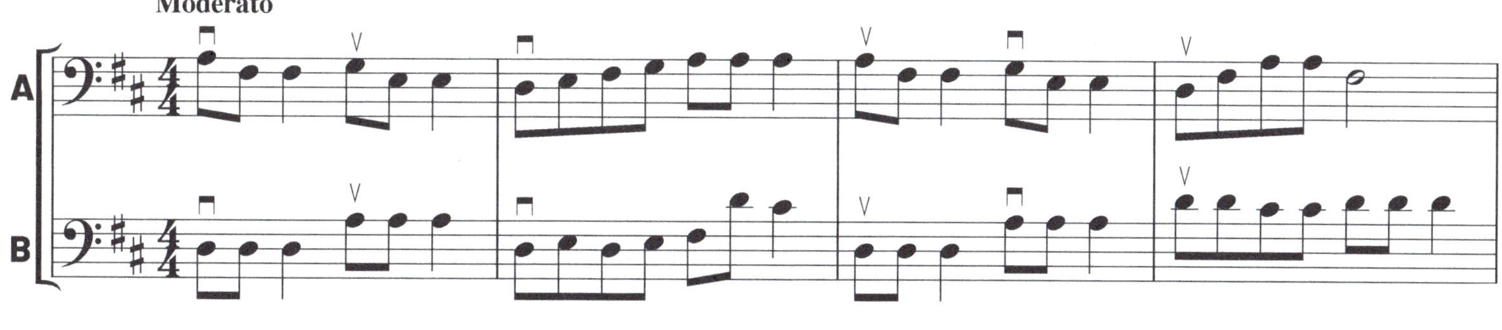

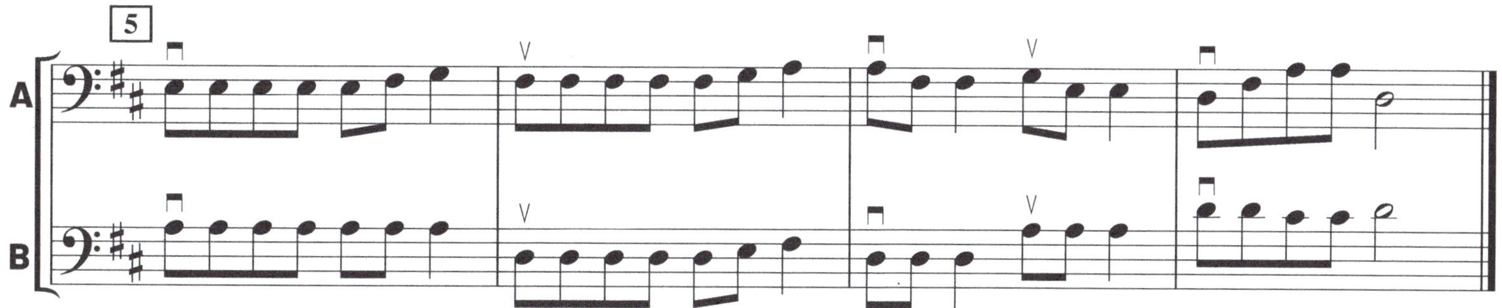

El compositor francés **Jacques Offenbach** (1819-1880) fue el creador de la **opereta** y tocaba el violonchelo. Una **opereta** es una forma de entretenimiento que combina varias de las bellas artes: Música vocal e instrumental, drama, teatro, baile, y artes visuales. Una de sus piezas más famosas es el "Can-Can", que es un baile de Orfeo en los infiernos. Esta obra es muy popular y fue escrita en el 1858, solamente 3 años antes del comienzo de la guerra Civil de los Estados Unidos (1861-1865).

HISTORIA

92. "Can-Can" – Arreglo para orquesta

Jacques Offenbach
Arr. John Higgins

✔ ¿Cuales fueron los puntos fuertes de tú presentación?

NOTAS EN LA CUERDA SOL

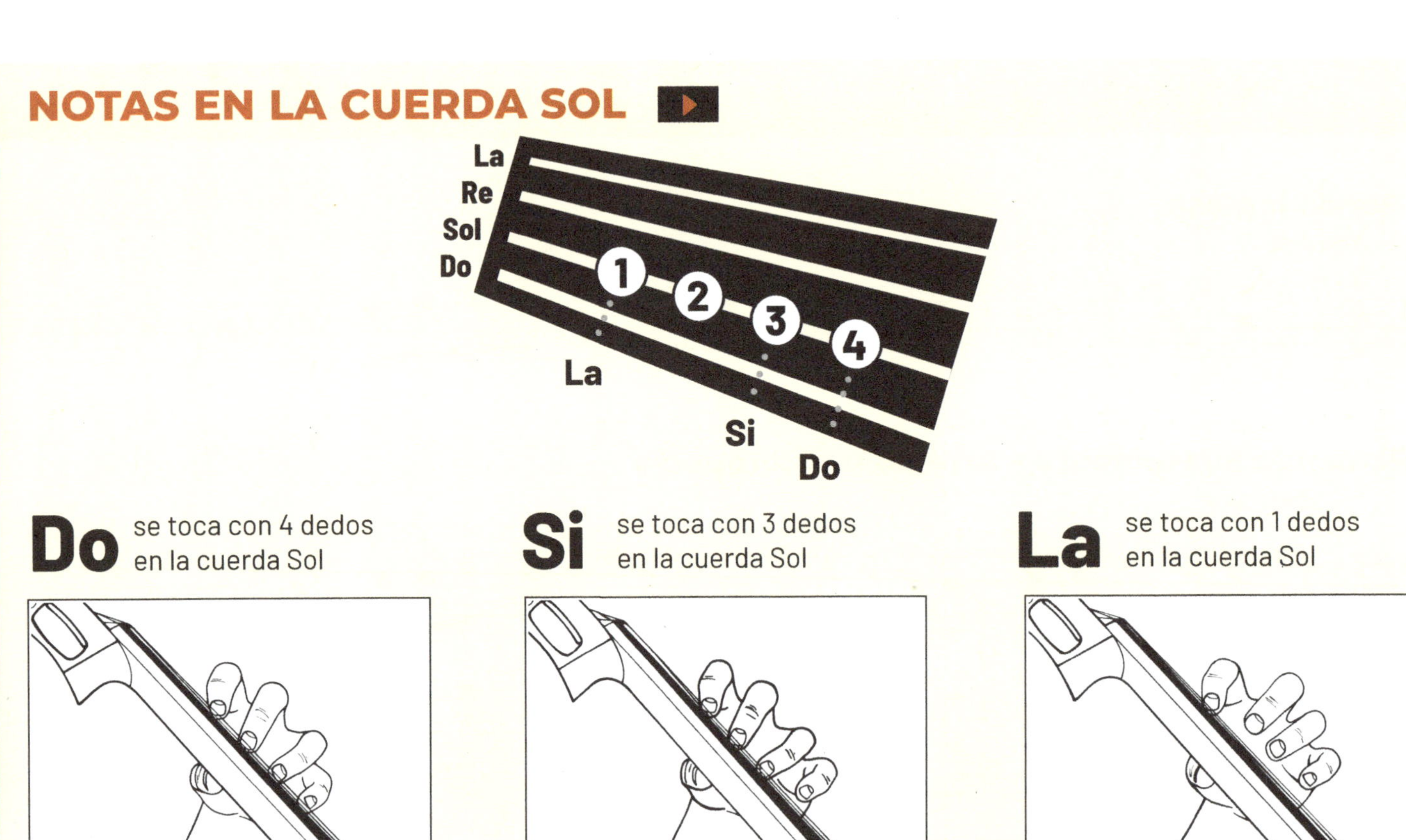

Do se toca con 4 dedos en la cuerda Sol

Si se toca con 3 dedos en la cuerda Sol

La se toca con 1 dedos en la cuerda Sol

HABILIDADES AUDITIVAS

Escucha con atención y repite lo que el profesor toca.

TEORÍA

Tonalidad de Sol Mayor

Toca todas las notas Fa cómo Fa♯ (Fa sostenido) y todas las notas Do cómo (Do natural)

93. Leamos "Sol"

▲ *Toca los Fa♯ y los Do♮ en esta tonalidad.*

94. Leamos "Do" (Do-natural)

95. Leamos "Si"

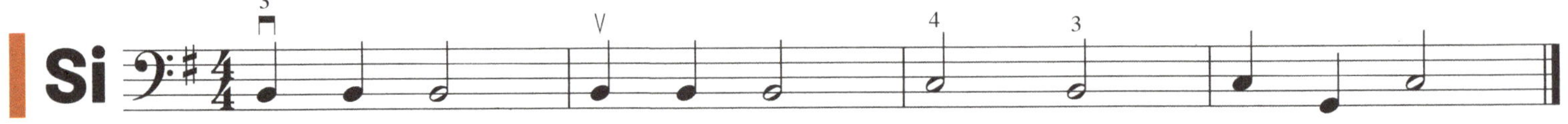

96. Leamos "La"

97. Paseando *Decir las notas antes de tocar.*

98. Escala de Sol Mayor *Decir los nombres de las notas antes de tocarlas.*

99. Re con el 4º dedo *(para violines y violas)*

Armadura de compás

C = compás de compás illo (Igual que 4/4)

Dirigiendo

Practica dirigir este patrón de 4 tiempos.

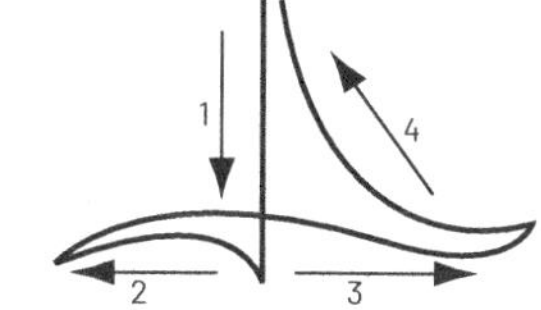

TEORÍA

100. Tonos graves

101. Bee Bee Oveja negra

102. Pequeño examen de ESSENTIAL ELEMENTS – This Old Man Canción folclórica estadounidense

TEORÍA

Armadura de Compás *(Métrico)*

3 = **3 pulsos** por compás
4 = ♩ y 𝄽 tiene un pulso

Dirigiendo

Practica dirigir este patrón de tres pulsos.

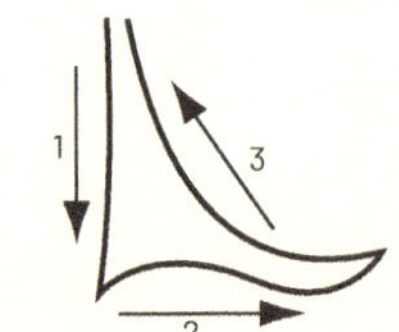

La blanca con puntillo

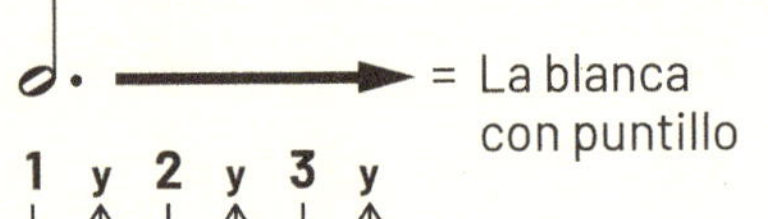

El puntillo aumenta la mitad del valor de la nota.

2 pulsos + 1 pulso = 3 pulsos

103. Rap rítmico

Usa arco sombra y cuenta antes de tocar.

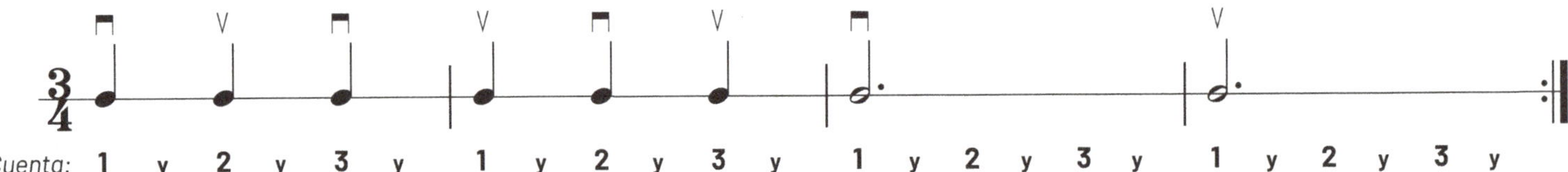

104. Contando a 3

105. Escala de Re mayor en tres

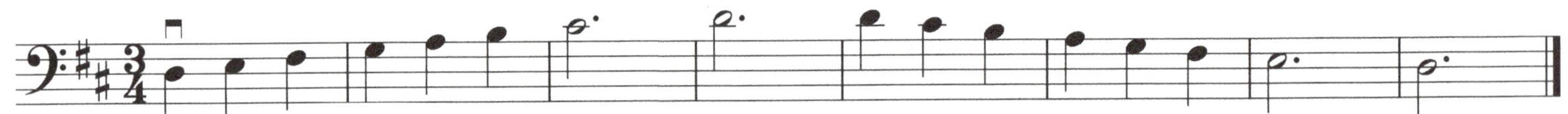

106. Canción folclórica francesa

Cancion folclórica francesa

107. Pequeño examen de ESSENTIAL ELEMENTS – Canción del marinero

Canción Inglesa de mar

▲ *Escribe el compás correcto antes de empezar a tocar.*

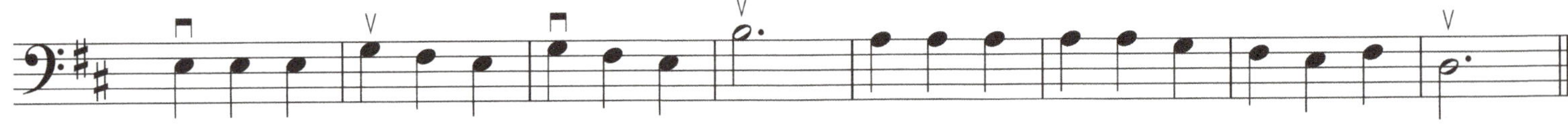

Ligadura

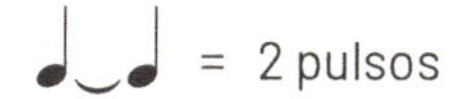

La **ligadura** es una línea curva que conecta las notas del **mismo** sonido. Toca la nota una sola vez y suma los pulsos de ambas notas.

108. Listo para hacer ligados

Ligadura de expresión

Una **Ligadura** de expresión es una línea curva que conecta dos o mas notas **diferentes**. Toca las notas ligadas en el mismo arco.

TEORÍA

109. Parar y seguir

110. Ligando las notas

111. Navegando tranquilamente

112. Ligaduras en Re mayor

113. Cambios de cuerdas

114. Arcos deslizantes

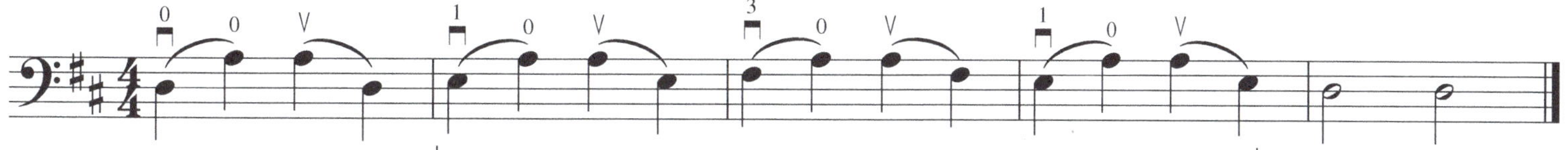

115. Al revés

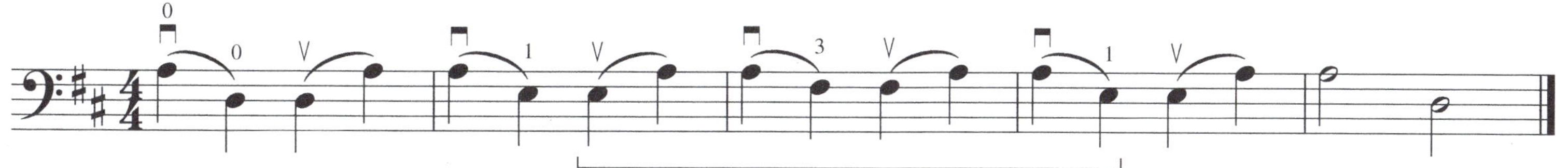

TEORÍA

Anacrusa

Es una nota (o grupo de notas) que aparece antes del primer compás completo se le llama **Anacrusa**. Los pulsos restantes se encontrarán en el último compás.

116. Canción para María

HISTORIA

La música latinoamericana combina las tradiciones folclóricas de Suramérica y Centroamérica, y las islas del Caribe, con influencias africanas, españolas y portuguesas. Las melodías se destacan por tener un acompañamiento enérgico de las tamboras, maracas y claves. Los estilos de América latina han llegado a ser parte de la música de jazz, música clásica y música de rock.

TEORÍA

D.C. al Fine

Toca hasta que veas el **D. C. al Fine**. Luego regresa al principio de la pieza, y toca hasta que veas **Fine**. **D.C.** es la abreviación de Da Capo, que en italiano significa, "retornar al principio". **Fine** es una palabra italiana que significa "el final".

117. Canción del barco bananero

Canción Folklorica Caribeña

118. Firoliralera – Arreglo para orquesta

Canción folclórica Mexicana
Arr. John Higgins

CREANDO HABILIDADES – Sol Mayor

119.

120.

121.

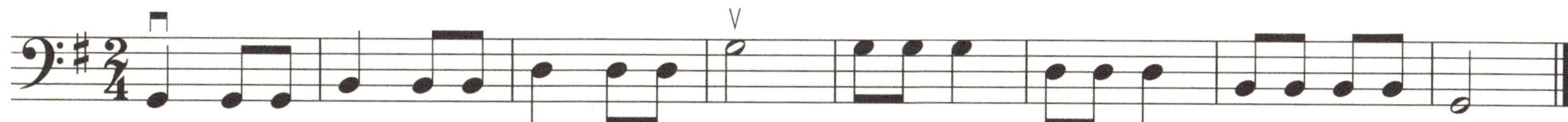

122.

123.

▼ *Ligadura de tres notas*

124.

HISTORIA

La música del Lejano Oriente proviene de países como Malasia, Indonesia, China y otras regiones de Asia. Los historiadores creen que las primeras orquestas, conocidas como gamelanes, existían en esta zona ya en el siglo I a.C. En la actualidad, los *gamelanes* incluyen instrumentos como rebabs (violines de púas), gongs, xilófonos y una amplia variedad de instrumentos de percusión.

125. Jingli Nona

Canción folclórica del lejano oriente

Allegro

¿donde está el 4º pulso? ▲

SEGUNDO DEDO EN LA CUERDA RE

Fa

se toca con 2 dedos en la cuerda Re.

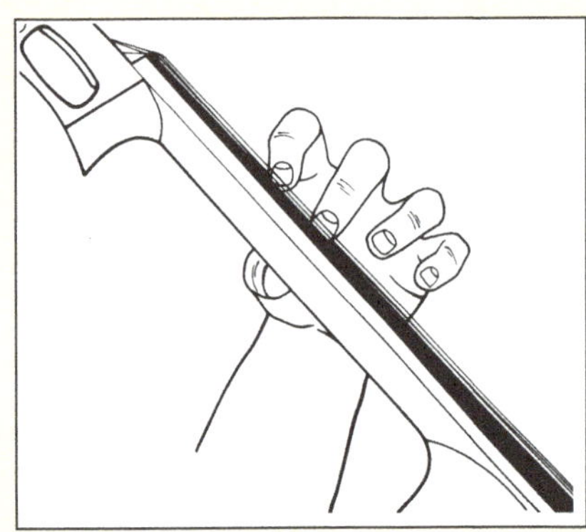

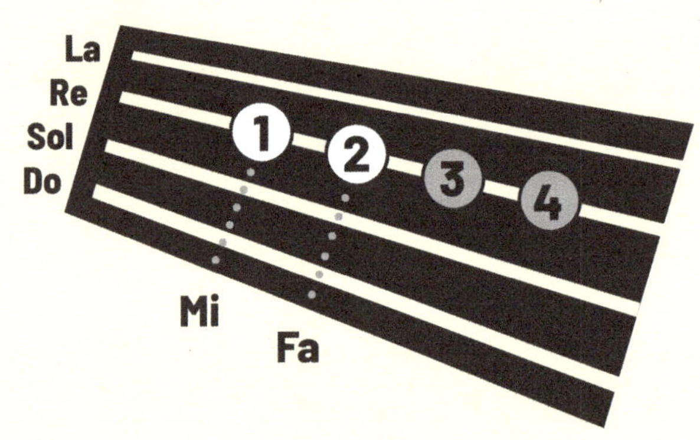

HABILIDADES AUDITIVAS

Escucha con atención y repite lo que el profesor toca.

TEORÍA

El becuadro ♮

El signo de becuadro cancela un bemol (♭) o un sostenido (♯) y se mantiene en efecto durante todo el compás.

126. Leamos "Fa" (Fa-natural)

Fa

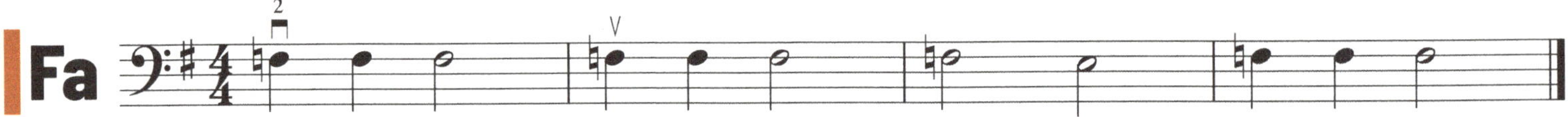

TEORÍA

Semi tono Un semi tono es la distancia más pequeña entre dos notas.

Tono completo Un tono completo son dos semi tonos combinados.

127. Tono y semitono

128. El chico espía

129. Detalles menores

SEGUNDO DEDO EN LA CUERDA LA

Do

Do se toca con el segundo dedo bajo.

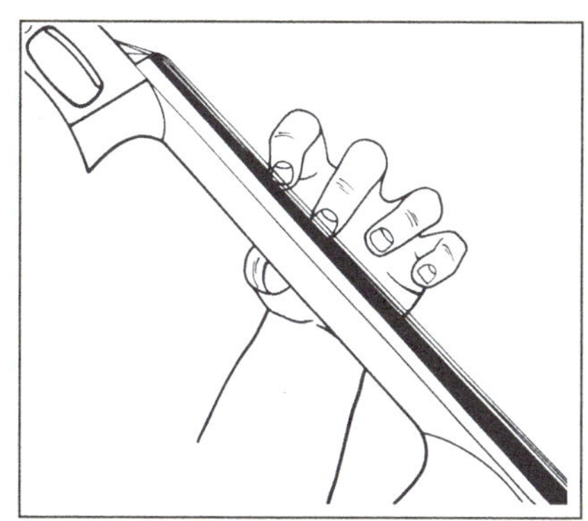

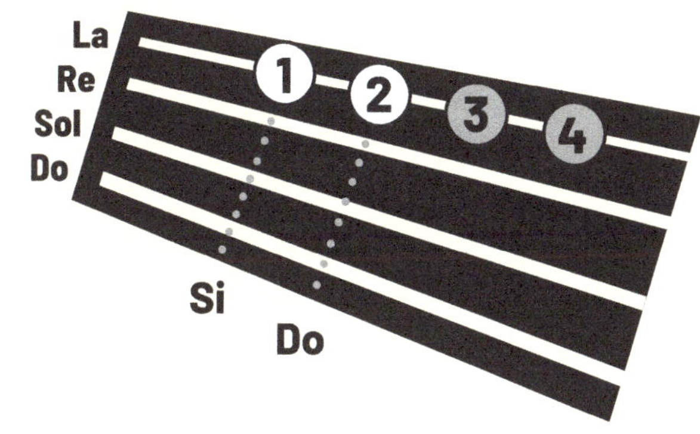

HABILIDADES AUDITIVAS

Escucha con atención y repite lo que el profesor toca.

130. Leamos "Do" (Do-natural)

131. Repaso de semitono y un tono

Notas Cromáticas

Las notas cromáticas son notas alteradas con sostenidos, bemoles y naturales. Un patrón cromático consiste en dos o más notas en una secuencia de semi tono.

TEORÍA

132. Movimientos cromáticos

133. El especial Stetson

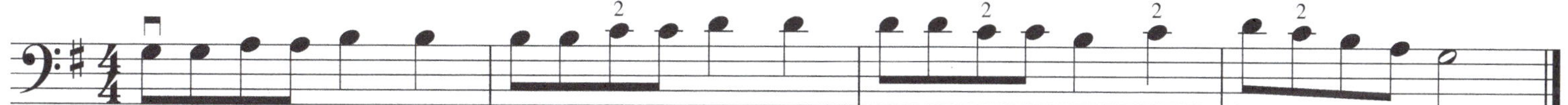

134. Canción del pájaro azul

Canción folclórica de Texas

Allegro

TEORÍA

Armadura de clave Do Mayor

Todas las notas son naturales

135. Escala de Do Mayor – Ronda

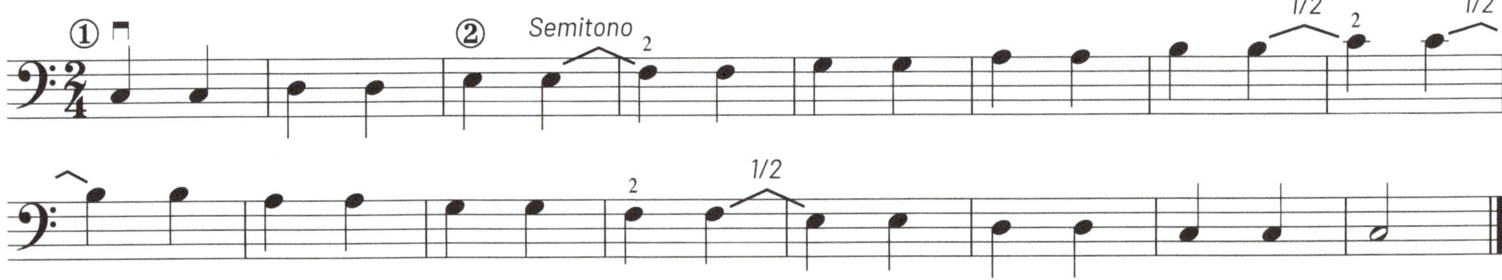

Dueto

Es una composición con dos partes diferentes, que se tocan juntas.

136. Decisión Dividida – Dueto

137. Roble Hueco

Moderato

138. A-Tisket, A-Tasket

Allegro

HISTORIA

En la segunda mitad del 1800 muchos compositores trataron de expresar el espíritu de sus propios países, a través de la música que escribían con un inconfundible sabor nacional. Escucha la musica de los compositores Rusos como Borodin, Tchaikovsky, y Rimsky - Korsakov. Muchas veces ellos utilizaron canciones folclóricas y ritmos de bailes para transmitir su nacionalismo. Describe los sonidos que escuchas.

139. Pequeño exámen de ESSENTIAL ELEMENTS – Cancion folclórica rusa

Cancion folclórica rusa

Andante

Alerta Esta página mezcla patrones de los dedos. Presta atención a tu segundo dedo en el do♮ y a tu segundo dedo en el fa♯.

140. Bingo

Canción de juego inglesa del siglo 1800

Allegro

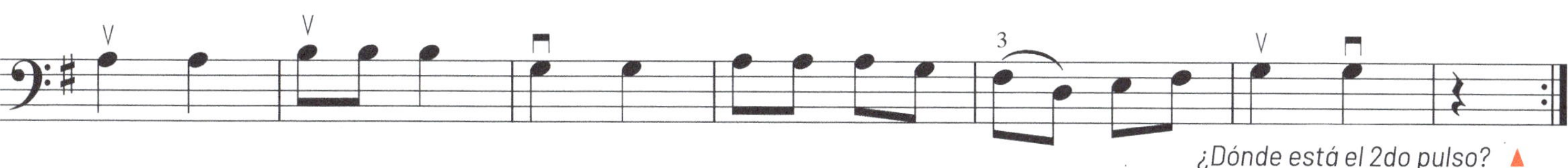

¿Dónde está el 2do pulso?

HISTORIA

El compositor Inglés **Thomas Tallis** (1505-1585) trabajó en la corte real durante los reinos de Henry VII, Edward VI, María y Elizabeth I. Los compositores y los artistas durante esta época querían recrear las glorias artísticas y científicas de la antigua Grecia y Roma. El gran artista Miguel Angela Buonarroti pintó la Capilla Sixtina, durante la vida del Sr Tallis. Las **rondas** y los **cánones** eran formas populares de música durante el inicio del siglo 16. Divídanse en grupos, y toquen o canten el Canon de Tallis como una ronda en 4 partes.

141. Canon de Tallis – Ronda

Thomas Tallis

Tema y variaciones

TEORÍA

Tema y variaciones es una forma musical en la que un tema, o melodía, es seguido por diferentes versiones del mismo tema.

142. Variaciones sobre una canción conocida

Moderato

Variación 2 – *Inventa tu propia variación*

143. Creatividad esencial – Canción de cumpleaños

Moderato

Ahora toca la línea de nuevo y crea tu propio ritmo.

NOTAS EN LA CUERDA DO

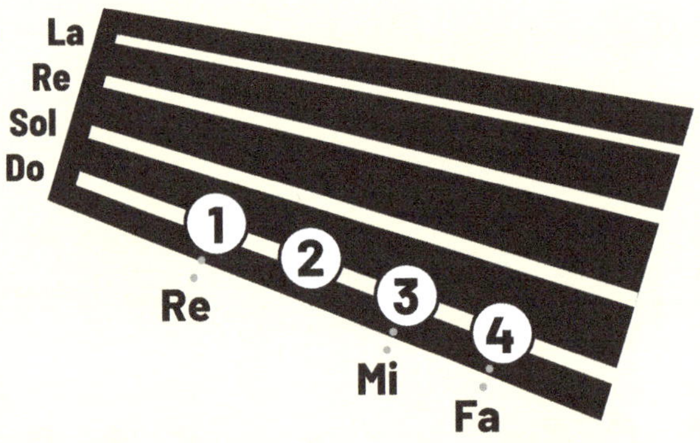

La
Re
Sol
Do
1 2 3 4
Re Mi Fa

Fa se toca con 4 dedos en la cuerda Do.

Mi se toca con 3 dedos en la cuerda Do.

Re se toca con 1 dedo en la cuerda Do.

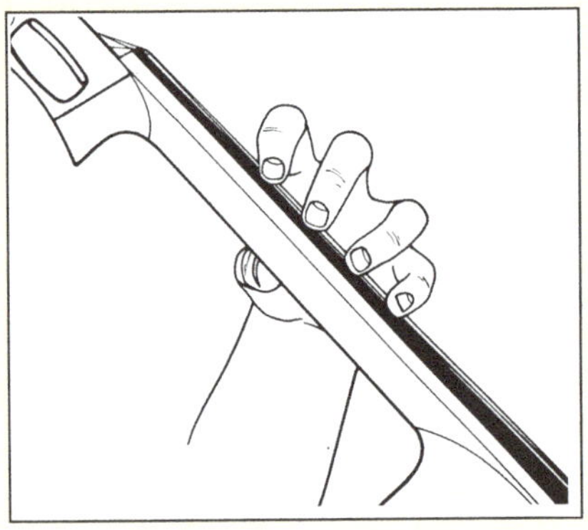

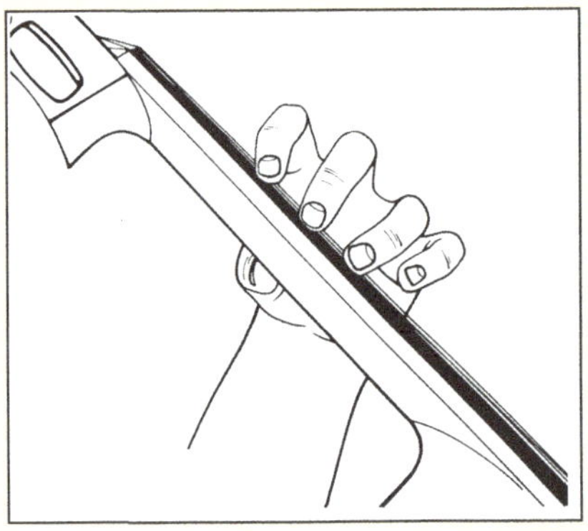

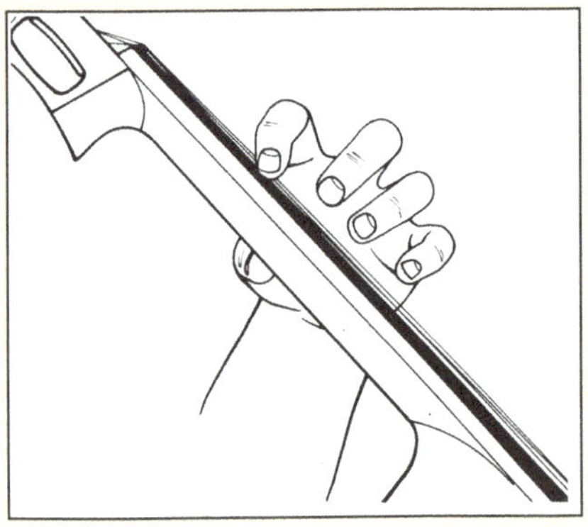

HABILIDADES AUDITIVAS

Escucha con atención y repite lo que el profesor toca.

144. Leamos "Do" – Repaso

Do

145. Leamos "Fa" – Repaso

Fa

146. Leamos "Mi" – Repaso

Mi

147. Leamos "Re" – Repaso

Re

148. Juntos *Di el nombre de las notas antes de tocarlas.*

149. Escala de Do mayor

Redonda
= 4 pulsos
1 y 2 y 3 y 4 y
Silencio de Redonda
= un compás completo de pulsos en silencio
1 y 2 y 3 y 4 y
El silencio de Redonda
cuelga de una línea del pentagrama
El silencio de blanca
está sentado en una línea del pentagrama.
TEORÍA
150. Ritmo de rap
Usa arco sombra y cuenta antes de tocar.
Cuenta: 1 y 2 y 3 y 4 y 1 y 2 y 3 y 4 y 1 y 2 y 3 y 4 y 1 y 2 y 3 y 4 y 1 y 2 y 3 y 4 y 1 y 2 y 3 y 4 y
151. Arcos despacio
Arco despacio
Arco despacio
Arco despacio
152. Long Long Ago
T. H. Baily
Moderato
Arpegio
Un arpegio es un acorde cuyas notas se tocan una a la vez.
Tu primer arpegio usa la 1ª, 3ª, 5ª, y 8ª notas que pertenecen a la escala de Do.
TEORÍA
153. Escala y arpegio de la escala de Do Mayor
Arpegio
154. Escucha las diferentes secciones
violín
viola
violonchelo
contrabajo
violín
viola
violonchelo
contrabajo
Todos
155. La melodía del lunes
Canción tradicional folclórica
Moderato
Fine
D.C. al Fine

EJERCICIO ESPECIAL PARA EL VIOLONCHELO

Escribe los nombres de las notas debajo de la musica.

TRABAJO EN EQUIPO

Los grandes músicos animan a sus compañeros intérpretes. Violinistas y bajistas aprenderán notas nuevas desafiantes. El éxito de la orquesta depende del talento y la paciencia de todos. Toca lo mejor posible mientras estas secciones avanzan en su técnica musical.

HABILIDADES AUDITIVAS

Escucha con atención y repite lo que el profesor toca.

156. Leamos "Mi" – Repaso

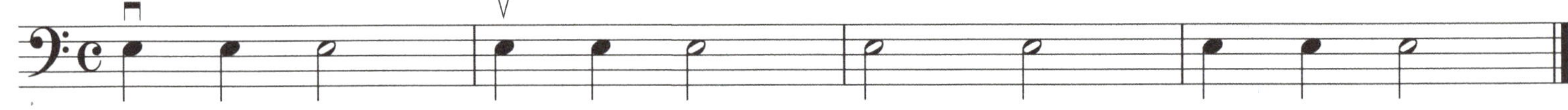

157. Leamos "La" – Repaso

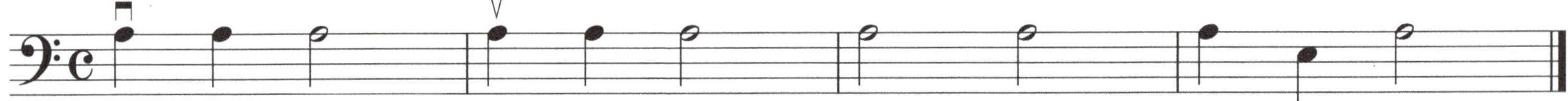

158. Leamos "Sol" – Repaso

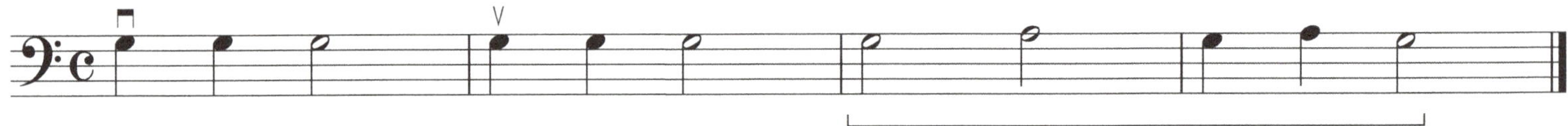

159. Leamos "Fa♯" (Fa-sostenido)

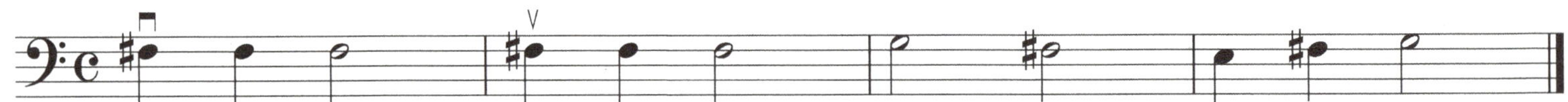

160. Avanzando *Nombra las notas antes de tocarlas.*

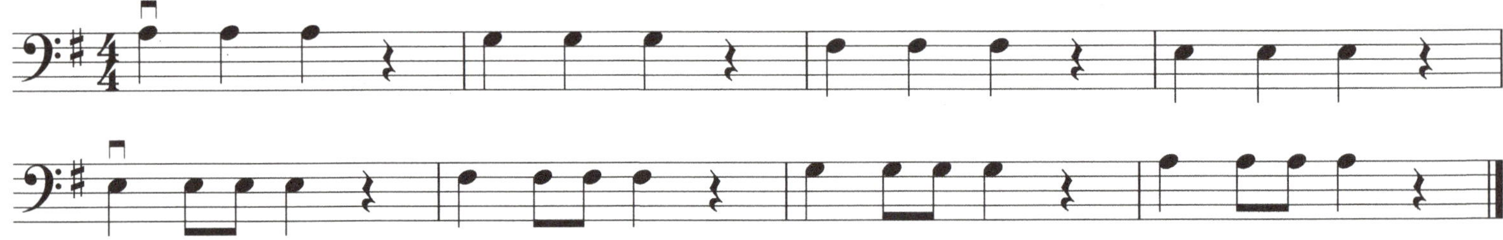

161. Escala de Sol mayor

162. Saludo de los pastores

Canción folclórica inglesa

Moderato

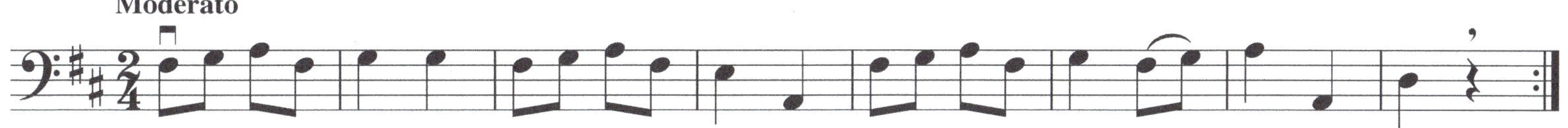

163. La montaña de caramelos

Canción folclórica inglesa

Allegro

HABILIDADES AUDITIVAS

Escucha con atención y repite lo que el profesor toca.

164. Leamos "Si" – Repaso

165. Patinando en hielo

Moderato

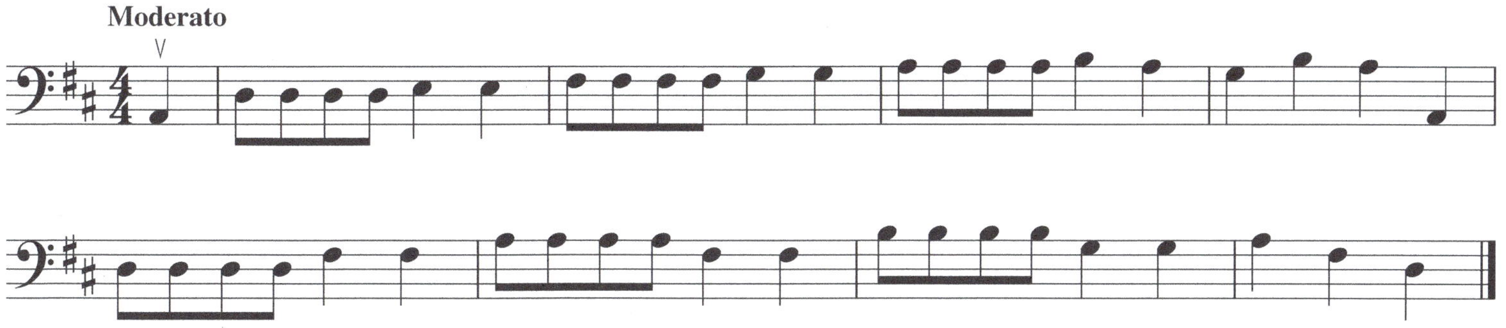

166. Pequeño Examen de ESSENTIAL ELEMENTS – Tema de la Obertura del Festival Académico

Johannes Brahms

Moderato

Hay canciones adicionales disponibles en línea. Ver la contraportada para obtener más detalles.

Staccato  Las notas **staccato** se marcan con un punto encima o debajo de la nota. Una nota staccato se toca con un golpe de arco detenido. Escucha el espacio entre las notas staccato.

167. Tocando Staccato

168. Viajero de Arkansas

Canción folclórica sudamericana

CONSTRUYENDO HABILIDADES – Sol Mayor

169.

170.

171.

172.

173.

Ligado Articulado

Ligado Articulado son dos o más notas tocadas en la misma dirección con (un espacio) o una parada entre una nota y otra.

174. Ligado articulado en Re mayor

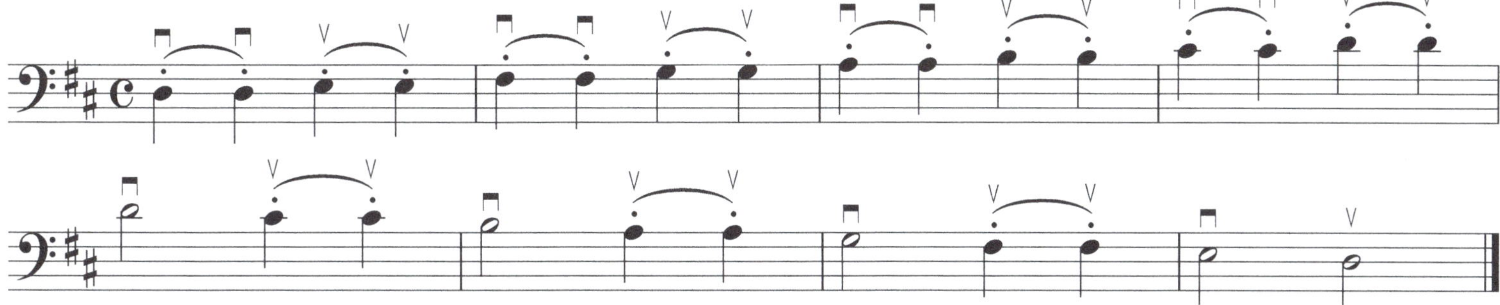

175. Arcos bailando un Vals

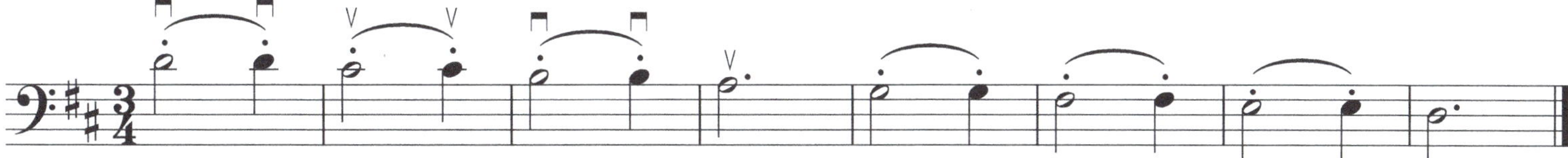

176. Pop Goes the Weasel

Canción folclórica estadounidense

CONSTRUYENDO HABILIDADES – Do Mayor

177.

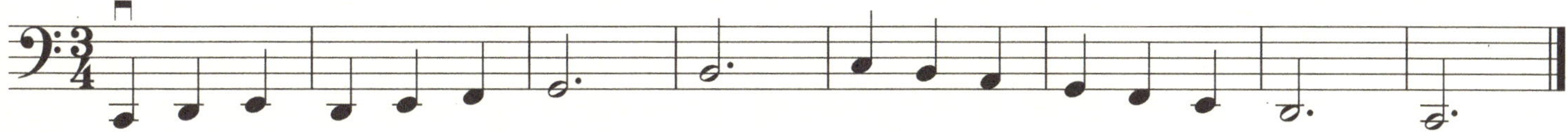

178.

179.

180.

MATICES

Los matices nos dicen en que volumen debemos tocar o cantar.

f (forte) Toca mas fuerte. Añade más peso al arco.

p (piano) Toca suavemente. Quita peso del arco.

181. Forte y piano

182. Tema de la Sinfonía Sorpresa

Franz Josef Haydn

Andante

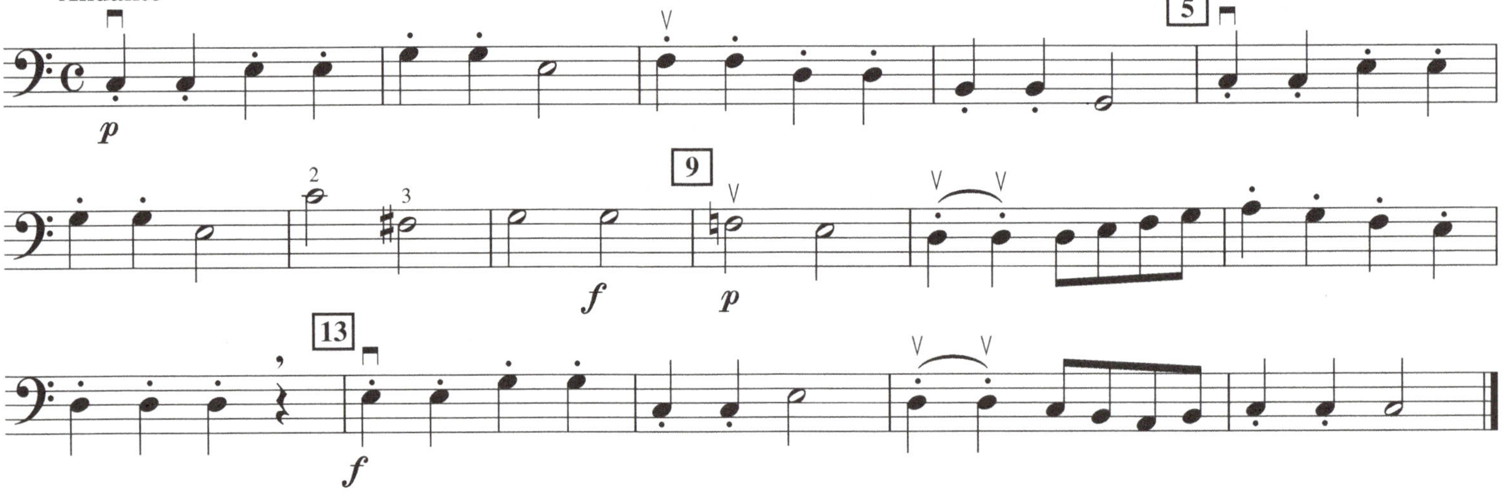

CONSTRUYENDO HABILIDADES

Escalas y Arpegios

Añade tus propios matices a la líneas de abajo.

183. Re mayor

184. Sol mayor

185. Sol mayor (Upper Octave - violin)

186. Do mayor

187. Do mayor

MOMENTO ESTELAR

188. Cripple Creek – Arreglo para orquesta (A = melodía y B = harmonía)

Canción folclórica norteamericana
Arr. Michael Allen

África es un continente muy grande que está formado por muchas naciones, y la música folclórica de África es tan diversa como todas sus culturas. Esta es una canción folclórica de Kenia. La letra de esta canción describe los guerreros preparándose para la batalla. Escucha los ejemplos de las canciones folclóricas de África y describe sus sonidos.

HISTORIA

189. Tekele Lomeria – Arreglo para orquesta

Canción de guerra de Kenya
Arr. John Higgins

MOMENTO ESTELAR

HISTORIA

El compositor italiano **Gioachino Rossini** (1792-1868) escribió algunas de las óperas más famosas del mundo. Guillermo Tell fue su última ópera , y su tema mas popular aún se escucha en la televisión.

190. Obertura de Guillermo Tell – Arreglo para orquesta

Gioachino Rossini
Arr. John Higgins

Allegro

A
B

p
p
f
f

Fine

9

p
p

D.C. al Fine

f
f

191. Cuerdas roqueras – Arreglo para orquesta

John Higgins

Moderato

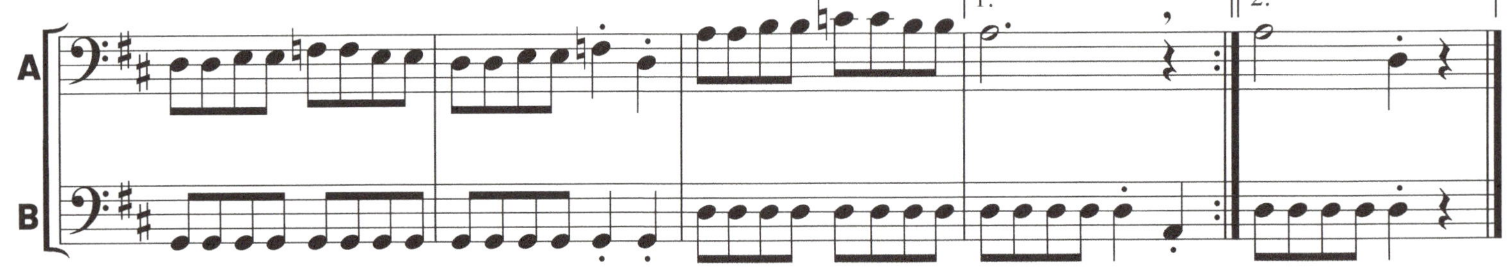

MOMENTO ESTELAR

192. Simple Gifts – Arreglo para orquesta

Canción folclórica de los Shakers
Arr. John Higgins

MOMENTO ESTELAR

Solo con acompañamiento de piano

Un solo es una composición escrita para un solo músico, frecuentemente acompañado por el piano. Este solo fue escrito por **Johann Sebastian Bach** (1685-1750). Tú y tu acompañante al piano pueden tocar para la orquesta, tu escuela, tu familia y en otras ocasiones. Cuando hayas aprendido la pieza bien, trata de memorizarla. Tocar en un presentación para una audiencia es una parte emocionante de estar envuelto en la música.

193. Minueto No. 2 – Solo

Johann Sebastian Bach
Arr. por John Higgins

Improvisación

Improvisación es el arte de crear libremente tu propia música.

194. Sesión rítmica *Utilizando las siguientes notas, improvisa tus propios ritmos.*

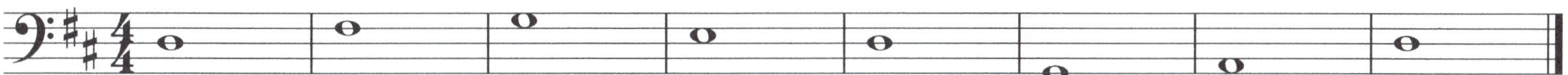

195. Melodía instantánea *Utilizando las siguientes notas, improvisa tu propia melodía (línea A) que vaya de acuerdo con el acompañamiento (línea B).*

TABLA DE DIGITACIÓN DEL CELLO

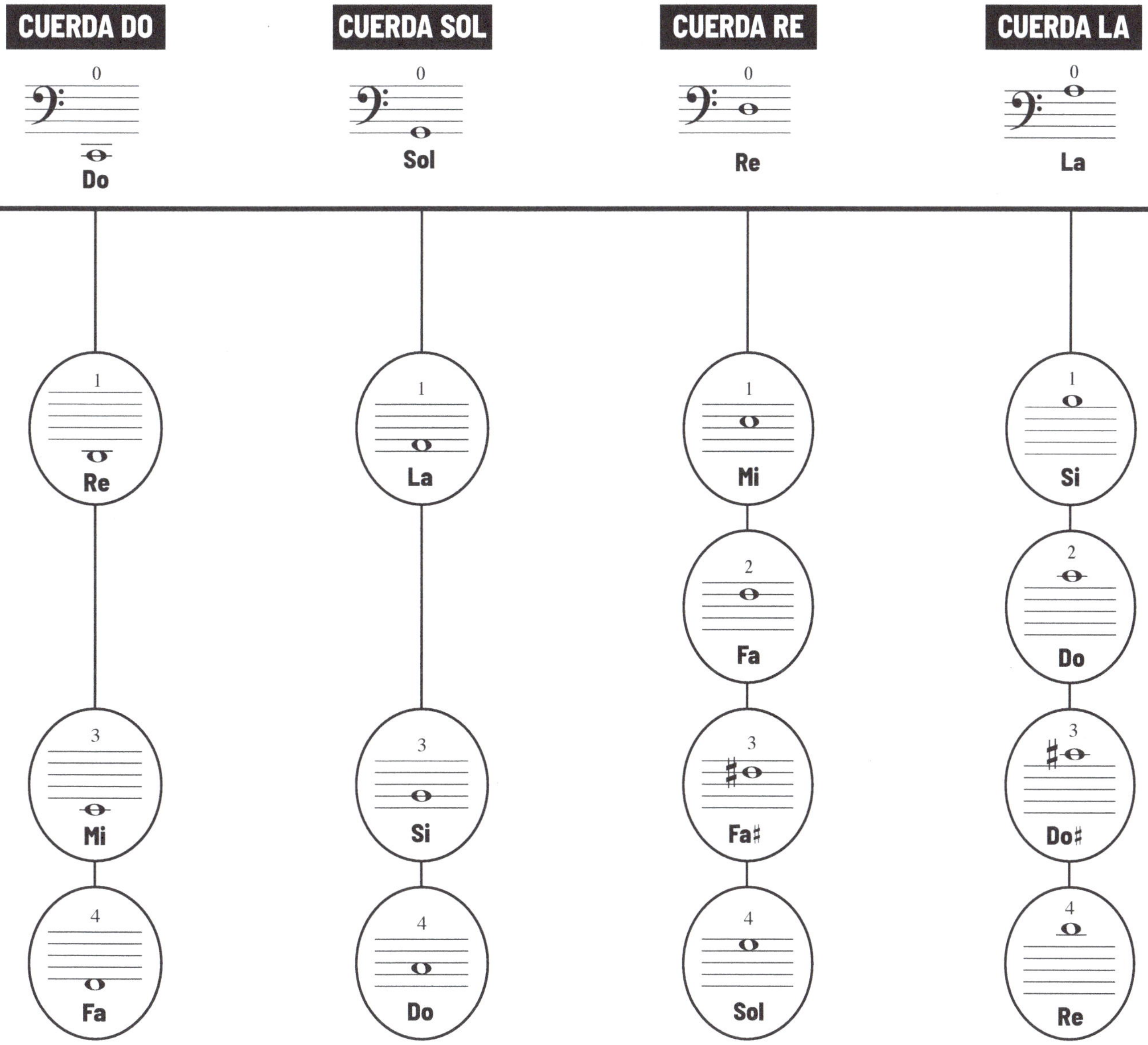

CUERDA DO	CUERDA SOL	CUERDA RE	CUERDA LA
0 Do	0 Sol	0 Re	0 La
1 Re	1 La	1 Mi	1 Si
		2 Fa	2 Do
3 Mi	3 Si	3 Fa♯	3 Do♯
4 Fa	4 Do	4 Sol	4 Re

ÍNDICE de REFERENCIA

Definiciones (páginas)

Compositores

Música del Mundo